मातोश्री

AF522169

मातोश्री

सुमित्रा महाजन

प्रकाशक
प्रभात पेपरबैक्स
4/19 आसफ अली रोड, नई दिल्ली-110002
फोन : 23289777 • हेल्पलाइन नं. : 7827007777
इ-मेल : prabhatbooks@gmail.com ❖ वेब ठिकाना : www.prabhatbooks.com

संस्करण
2024

© श्री अहिल्योत्सव समिति, इंदौर

मूल्य
एक सौ पचहत्तर रुपए

मुद्रक
आर-टेक ऑफसेट प्रिंटर्स, दिल्ली

———— ★ ————

MATOSHREE
play by Smt. Sumitra Mahajan

Published by **PRABHAT PAPERBACKS**
4/19 Asaf Ali Road, New Delhi-110002

ISBN 978-93-5266-133-6

₹ 175.00

फिर से…

नमस्कार,

सबके सहयोग और ईश्वर की कृपा से 11 अप्रैल को 'मातोश्री' नाटक का मंचन एवं पुस्तक का विमोचन लोकसभा के बालयोगी सभागृह में हुआ। आदरणीय प्रधानमंत्री माननीय श्री नरेंद्र मोदीजी ने पुस्तक का विमोचन किया तथा इंदौर की संस्था 'अविरत' के कलाकारों ने सादर नाटक का मंचन किया।

तीस साल बाद मैंने भी नाटक को शुरू से आखिरी तक पूरा देखा। सच, राजनीति के शोरगुल तथा व्यस्तता के कारण मेरे ही द्वारा लिखा नाटक फिर मैंने पूरा इतने साल बाद देखा और लगा कि इसमें थोड़े सुधार की आवश्यकता है। कुछ संदर्भ आवश्यक हैं, उन्हें जोड़ना है और फिर इंदौर आने के बाद कुछ लोगों से चर्चा की; फिर सतत 10–12 घंटे बैठकर नाटक में परिवर्तन, सुधार किया। मुझे ही आश्चर्य लगा कि इतने साल बाद मैंने फिर एकांत में बैठकर वह भी सतत 10–12 घंटे! लेकिन सद्गुरु की कृपा, माता अहिल्या की इच्छा से यह मैं कर सकी। विश्वास है, आपको पसंद आएगा। कुछ ऐतिहासिक त्रुटि रहे तो क्षमा करें।

सादर……………

मन के भाव

"राज्यलक्ष्मी हमारे लिए शिव निर्माल्य के समान है। सत्ता के बल पर मैं यहाँ जो भी करूँगी, उसका मुझे ऊपर जाकर ईश्वर को जवाब देना होगा।" ऐसे जिनके अमृत वचन हैं। केवल वचन ही नहीं, उन वचनों के अनुरूप आचरण करनेवाली माता अहिल्या पता नहीं कब मुझ अकिंचन की आत्मा में बस गईं और धीरे-धीरे मानसपटल पर ही नहीं संपूर्ण व्यक्तित्व में भी व्याप्त हो गई, पता ही नहीं चला।

सत्तर के दशक में जब मैं राष्ट्र सेविका समिति में सक्रिय थी, एक दिन मैं मालतीताई वाघमारे तथा माननीया वत्सलाताई नामजोशी आदि समिति की सेविकाएँ हमेशा की तरह एकत्र हुई थीं। सबके मन में विचार आया कि हमारी तीन आदर्श माता जीजाबाई, कर्तृत्वशालिनी माता अहिल्या और तेजस्वी नेतृत्ववाली रानी लक्ष्मीबाई के चरित्र तो हम व्याख्यान के रूप में समाज के सामने रखते ही हैं, क्यों न इन सबके जीवन पर नाटकों का मचन भी करें। सब को यह सुझाव पसंद आया। जीजामाता तथा झाँसी की रानी पर तो हमने पूर्व में कुछ लिखकर मंचन किया था, मगर अहिल्याबाई पर नाटक उपलब्ध नहीं था। तब मालतीताई ने मुझसे कहा, "नाटक के मंचन की बाकी सारी व्यवस्था मैं कर लूँगी। मगर नाटक की स्क्रिप्ट लिखने की जिम्मेदारी तुम्हें ही उठानी होगी। मुझे पता है कि यह काम तुम कर सकती हो।" अगले दिन से रिहर्सल प्रारंभ

करना तय हुआ तथा मुझे पहला दृश्य लिखकर लाने का निर्देश मिला।

मैं पसोपेश में थी। प्रचलित अर्थ में मैं कोई लेखिका या नाटककार तो थी नहीं। न ही मुझे इसका कुछ पूर्वानुभव था। किसी व्यक्ति के जीवन पर व्याख्यान-प्रवचन देना अलग बात है और नाटक लिखना अलग। मगर क्या करती? निर्देश का पालन तो करना ही था। विचार करते हुए घर लौटी। मेरी यह आदत रही है कि जब भी कोई परेशानी खड़ी होती है, मैं अपने गुरुदेव प.पू. नाना महाराज तराणेकर का स्मरण करती हूँ। उस दिन भी मैंने यही किया और लिखने बैठ गई। दूसरे दिन नियत समय पर मैं नाटक का पहला दृश्य लिखकर ले गई, जो सबको पसंद आया। नाटक की रिहर्सल प्रारंभ हो गई। सिलसिला चल पड़ा। मैं रोज एक दृश्य लिखकर ले जाती। उस पर सुझाव व चर्चा के बाद नाटक की रिहर्सल—यह क्रम चलने लगा। मन में एक ही भाव था कि एक ऐसी आदर्श नारी का सबको साक्षात्कार कराना है, जिसने अनेक पारिवारिक, सामाजिक और राजनीतिक विपत्तियों को झेलते हुए अपने व्यक्तिगत जीवन के दुःखों को नीलकंठ के समान विष पीकर अपना सारा जीवन प्रजा के सुख एवं लोक कल्याण के लिए समर्पित कर दिया। जिनका जीवन आज भी प्रत्येक नारी-पुरुष, राजनीतिज्ञ, समाजसेवी, दाता हो या धाता, कर्ता हो या त्राता, रक्षक हो या पोषक—सबको प्रेरणा, ऊर्जा और संस्कार प्रदान करता है।

नाटक के प्रसंगों का चयन भी सहज होता गया। सती प्रसंग लिखते समय अनायास याद आया, मल्हारबाबा ने अहिल्या को सती न होने के लिए मनाया, प्रजा कार्य के लिए, राज्य संरक्षण के लिए वापस आने की याचना की। यही तो शिवबा ने भी किया था। जीजामाता शाहजी राजे की मृत्यु के बाद सती होने जा रही थीं, तब शिवबा ने भी इसी तरह उनसे अनुनय, याचना की थी और स्वराज्य स्थापना के लिए उन्हें वापस लेकर आए थे। स्वधर्म, स्वराज यही तो हमारी परंपरा है। इसी को कहते हैं इतिहास का जतन, कड़ी से कड़ी का जोड़ना।

आनंदी प्रसंग में स्त्री सुलभ गुण तथा सात्त्विकता का दर्शन होता है, तो आखरी प्रसंग में यह विचार दृढ होता है कि जब व्यक्ति समाज के लिए जीता है, व्यष्टि को समष्टि में समर्पित कर देता है, तब सफलता भी व्यक्तिगत नहीं रह जाती, वह भी समष्टि में निहित हो जाती है। स्वयं के पुत्र को सुधारने में असफल होने पर संपूर्ण प्रजा की माँ बन जाना, अपने गीतों से हजारों व्यक्तियों को प्रभावित करनेवाले कवि अनंत फंदी जैसे व्यक्तित्व रूपी पुत्र को संस्कारित करना, यह सफलता की उत्तुंगता एवं श्रेष्ठ जीवन का प्रतीक है, इसलिए फंदी के प्रसंग की चर्चा नाटक में की गई है।

मैं कोई इतिहासकार नहीं, लेकिन एक माता, एक नारी हूँ। समाज में अच्छे विचारों का आदान-प्रदान हो, एक समर्थ सस्कारी समाज के हम घटक बनें और ऐसे समाज के निर्माण में हमारा भी कुछ अंशदान हो, इसी भावना से यह लेखन किया है। इस नाटक का मंचन होकर, यदि इसके माध्यम से लोग माता अहिल्या के व्यक्तित्व से परिचित होते हैं तो मेरा यह प्रयास सफल हो सकेगा।

धन्यवाद किस-किस को दूँ, उन सखियों को, जिन्होंने मुझसे यह लेखन करवाया, या उन लड़कियों को, जिन्होंने मेरे लिखे पृष्ठों को अपने अभिनय से साकार किया या फिर विट्ठलराव गावडे, अरविंद जवळेकर, राजन देशमुख जैसे मेरे स्नेहीजनों को, जिन्होंने चालीस वर्ष पुरानी इस नाटक की पांडुलिपि को खोज निकाला और उसमें आवश्यक सुधार कर उसे प्रकाशन योग्य बनाया। या अश्विन खरे का, जिन्होंने उसे पुस्तक का रूप दिया। न जाने कितने प्रेम के धागे इस पुस्तक को बाँधे हुए हैं।

मेरे अग्रज प्रसिद्ध लेखक तथा इतिहासकार प्रो. शरद पगारे ने नाटक के संबंध में उपयोगी सुझाव दिए तथा पुस्तक की प्रस्तावना भी लिखी, मैं उनकी आभारी हूँ।

68, मनीषपुरी
इंदौर *(म.प्र.)*

—सुमित्रा महाजन

सर्वयुगीन-सर्वजनीय प्रेरणादायी व्यक्तित्व

इतिहास और ऐतिहासिक पात्र, उनकी गाथाएँ समय को अतिक्रमित करती है, लेकिन कुछ चरित्रों को उनके लोककल्याणकारी कार्यों के कारण इतिहास महानता की उपाधि ही नहीं देता, उनकी वंदना भी करता है। ईसापूर्व की तीसरी शताब्दी के मौर्य सम्राट् अशोक ने पिता के रूप में अपनी प्रजा के हित में जो कार्य किए, वे इतिहास के हर युग के शासक के लिए आदर्श सिद्ध हुए। परंतु उनका अनुकरण कितनों ने किया ? इतिहास में उनका उल्लेख नहीं है।

यदि अशोक ने पिता के समान प्रजा हितैषी कार्य किए तो अठारहवीं सदी के मालवा के होलकर घराने की शासिका देवी अहिल्या बाई होलकर ने प्रजा की लोकमाता बनकर लोक कल्याण के जो कार्य प्राणिमात्र के लिए किए, वे आज भी लोकजीवन को अनुप्राणित किए हुए हैं। एक उदाहरण पर्याप्त है। कुछ वर्ष पूर्व मैंने भी अहिल्योत्सव समिति के अध्यक्ष के रूप में कार्य किया। उत्सव के समय कुछ बेनर बनवाए। पेंटर को जब भुगतान करने लगे तो बड़ी श्रद्धा से हाथ जोड़े, ''सर! ये भुगतान मैं नहीं ले सकता। मुझे देवी की नगरी में उनके आशीर्वाद से ईमानदारी की रोजी-रोटी मिल रही है, यह कम नहीं है।'' देवी के पुण्य कार्य दो सौ साल बाद भी आम लोगों के लिए प्रेरणा बने हुए हैं।

नियति और जिंदगी ने देवी की कठोरतम परीक्षा ली। पिता सम श्वसुर सूबेदार मल्हारराव होलकर, माँ समान सासू गौतमाबाई, पति खंडेराव, पुत्र मालेराव, दामाद, बेटी सारा परिवार खोया। मगर सारी प्रजा को संतान मान स्नेह, ममता, वात्सल्य से उनकी सेवा की। आज के शासक राजनेताओं को प्रेरणा देने हेतु उनका नाम स्मरण ही पर्याप्त होगा।

पूना की पेशवा सरकार होलकरों की अधिपति थी। उन्होंने मल्हारराव को मालवा की सूबेदारी दी थी। अहिल्यादेवी ने सारा राज्य भगवान् शिव शंकर को समर्पित कर उनके दीवान के रूप में कार्य कर, जो उदाहरण आनेवाले शासकों के सामने पेश किया, वह अद्वितीय है।

अहिल्या बाई होलकर एक बेटे, एक परिवार की नहीं, समस्त प्राणिमात्र की माँ बन गईं और प्रजा ने उन्हें प्रातः स्मरणीय, पुण्य श्लोका, देवी, लोकमाता मान अपनी आत्मा में स्थान दे रखा है। इतिहास और लेखक/नाटककार किसी राजनेता, प्रशासक, शासक के बारे में नहीं जानता। लेकिन दावे के साथ लिख रहा हूँ कि श्रीमती सुमित्रा महाजन को देवी के चरित्र, कार्यों ने इतने गहरे तक प्रभावित किया है कि राजनीति की काजल की कोठरी से भी वे कबीर के शब्दो में ज्यों-की-त्यों बेदाग चदरिया ओढ़े काम कर रही हैं। देवी अहिल्या की ये बेटी इंदौर नगर, मध्य प्रदेश ही नहीं सारे देश की ताई माने बड़ी बहन बन राजनीति के हर पक्ष-प्रतिपक्ष, विपक्ष सभी द्वारा वंदनीय, अभिनंदनीय बन गई है। उन्हीं के भगीरथ प्रयत्नों से देवी अहिल्या बाई की मूर्ति संसद् परिसर में स्थापित हो सकी, ताकि केंद्रीय मत्रिमंडल, सरकार, सांसद देवी की मूर्ति से प्रेरणा ले लोकहित में कुछ कर सकें।

अहिल्योत्सव समिति की अध्यक्षा बनी ताई सुमित्रा महाजन देवी के संदेश को सारे देश में फैलाने का पुण्य प्रयत्न कर रही हैं। वर्तमान नाटक 'मातोश्री' उसी की नाटकीय प्रस्तुति है, जिसे उन्होंने देवी की प्रेरणा से लिपिबद्ध किया है। नाटक पठनीयता के स्थान पर अभिनयता

के कारण अधिक गहरा और लंबे समय तक प्रभाव कायम करता है। सुमित्राजी लेखिका नहीं हैं, लेकिन देवी के प्रति श्रद्धा एवं पूजाभाव ने उनसे नाटक लिखवा सिद्धहस्त नाटककार बना दिया।

नाटक 'मातोश्री' देवी अहिल्या बाई के मातृत्व के श्रेष्ठ गुणों का परिचायक है। नाटक न केवल पठनीय है, वरन् मंचनीय भी है। क्योंकि इसमें नाटक एवं मंचन की दृष्टि से सारे तत्त्व मौजूद हैं।

स्वर, भाषा, संवाद पात्रानुकूल हैं। लेखिका ने नाटक के जरिए मातोश्री अहिल्या बाई की पारिवारिक त्रासद जिंदगी को अद्वितीय अभिव्यक्ति दी है। लेखन के दौरान ही उसका प्रयोग इंदौर नगर में हो चुका है। विश्वास है, नाटक-जगत् में 'मातोश्री' का स्वागत ही नहीं होगा, वरन् मंचन के द्वारा देवी के कार्यों का प्रतिपादन भी होगा। नाटककार ताई सुमित्राजी महाजन की लेखनी को शत-शत नमन।

—शरद पगारे

꧁ पात्र-परिचय ꧂

अहिल्या : अहिल्याबाई होलकर, इस नाटक की नायिका

अहिल्याबाई के ससुर मल्हारराव : मल्हारराव होलकर, मालवा के सूबेदार

पुजारी : चौंडी के महादेव मंदिर के पुजारी

गौतमाबाई : मल्हारराव की पत्नी, अहिल्याबाई की सास

हरकुँवर : मल्हारराव की दूसरी पत्नी

जीजाबाई : छत्रपति शिवाजी की माता

सगुणा : अहिल्याबाई की दासी

मंजुला : अहिल्याबाई की दूसरी दासी

हरबा : सेवक

तुकोजी : तुकोजीराव होलकर, मल्हारराव के भतीजे

गंगोबा तात्या : रियासत के दीवान

उदाबाई : अहिल्याबाई की ननद

मुक्ता : अहिल्याई की पुत्री

राघोबा : रघुनाथराव पेशवा

आनंदीबाई : राघोबा की पत्नी

सरस्वती : आनंदीबाई की सेविका

स्त्री : राज्य की नागरिक एक विधवा स्त्री

दूसरी स्त्री : अन्य विधवा स्त्री

अनंत फंदी : कवि, गीतकार, लोकगायक

❧ पात्र-वेशभूषा ☙

बाल अहिल्या : परकर पोलका, हाथों में चूड़ियाँ, माथे पर बिंदी

विवाहित अहिल्या : नऊवारी साड़ी, माथे पर कुंकुम, नाक में नथ, चूड़ियाँ, गले में आभूषण, गहने

अहिल्याबाई : सफेद नऊवारी साड़ी, माथे पर चंदन तिलक, गले में तुलसी माला या रुद्राक्ष माला

राजपरिवार के पुरुष : सुरुवार, बाराबंदी, मराठी-मालवी-होलकरशाही पगडी, शेला, पैरों में मोजड़ी

राजपरिवार की स्त्रियाँ : नऊवारी साड़ी, माथे पर कुंकुम, चूड़ियाँ, गहने—मोहन माल, सोनफल आदि

पुजारी : सोवला, जनेऊ

सेविकाएँ : नऊवारी साड़ी

सेवक : सुरुवार, बाराबंदी

अनंत फंदी : धोती-कुरता

सामान्य स्त्रियाँ : नऊवारी साड़ी/घाघरा-लुगड़ा (मालवी वेशभूषा)

प्रवेश-1

[महादेव मंदिर—एक कोने में मल्हारराव होलकर और उनके सेवक हाथ जोड़े खड़े हैं। पुजारी पूजा कर रहे हैं।]

(अहिल्या का प्रवेश)

अहिल्या : महाराजजी, गाँव में क्या सरकारी सेना आई है ? बाप रे बाप! कितने सारे घोड़े! कितने सारे मूँछ वाले सैनिक!

पुजारी : *(हँसते हुए)* हाँ बेटा, हमारे सरदार मल्हारराव होलकर की छावनी पड़ी है। ला पूजा करनी हैं न ? कैसी है तुम्हारी माँ की तबीयत ?

अहिल्या : महाराजजी, आपको मालूम है, मुझे छोटा भाई मिलने वाला है। बुवाजी ने कहा, अभी प्रसूति में थोड़ा समय है। यह अभिषेक का सामान लो। मैं भगवान् को प्रार्थना करती हूँ।

(सामान पुजारी को देती है। स्वयं हाथ जोड़ आँख बंद किए खड़ी हो जाती हैं)

भगवान् मेरी माँ को जल्दी अच्छी करना। मुझे छोटा भैया देना···

(मल्हारराव आगे होकर दंडवत् करते हैं। शंभो! शिव हर–हर सामने खड़ी अहिल्या को देखते हैं।)

मल्हारराव : ओ हो! कितनी प्यारी बच्ची है। कितनी सात्त्विक! ईश्वर की अर्चना करते कन्या का शगुन बड़ा शुभ होता है।

सेवक : हाँ महाराज! अब तो विजय अपनी ही है।

मल्हारराव : अरे! मंदिर के द्वार से यहाँ तक छोटे पदचिह्न किसके हैं? पंडितजी जरा देखो तो!

पुजारी : *(देखकर)* महाराज! ये तो अहिल्या बेटी के हैं, वही तो अभी-अभी अंदर आई। आपने सभा मंडप में हल्दी, कुंकुम का भंडारा किया, अहिल्या वहीं से चलते आई।

मल्हारराव : क्या सचमुच, ये इस बालिका के पदचिह्न हैं? पुजारीजी, जरा गौर से देखिए, उन पर शंख, कमल आदि राजचिह्न मौजूद हैं। यह लड़की राजरानी बनेगी। अहोभाग्य, बेटी किस भाग्यशाली की पुत्री हो तुम? *(अहिल्या सकुचाती है)*

पुजारी : महाराज क्षमा करें, यह हमारे गाँव के पाटिल माणकोजी शिंदे की लड़की है।

मल्हारराव : लगता है, हमारी बिरादरी के हैं। अच्छा हो, यह बच्ची होलकरों की बहू बनकर आए। पुजारीजी, क्या हम माणकोजी से मिल सकते हैं? हम उनके सामने अपने पुत्र खंडेराव के लिए प्रस्ताव रखना चाहेंगे। बेटी अहिल्या हमें पसंद है। यदि उन्हें स्वीकार हो तो हम इसे बहू बनाएँगे।

पुजारी : जी हाँ, जी हाँ! जरूर, हमारी अहिल्या शकुनवंत है। साक्षात् लक्ष्मी है। लेकिन आप इतने बड़े सरदार…

मल्हारराव : पुजारीजी, आप नहीं समझेंगे, इसके मुख पर वह

सात्त्विक तेज है, देखते ही हमें विश्वास हो गया कि हमारे खंडेराव को और हमारे मालवा को यही सँभाल सकती है। आप शीघ्र ही माणकोजी से हमारी मुलाकात करवा देवें।

पुजारी : जी, जी, सरकार! अभी आता हूँ। चल बेटी, घर चल, बड़ी भागवान हो। *(जाते हैं) (शादी संपन्न होती है। अहिल्या होलकरों की बहू बनकर आती है।)*

□

प्रवेश-2

[मल्हारराव का महल—मल्हारराव एवं पत्नी गौतमाबाई बात कर रहे हैं। गौतमाबाई मल्हारराव के हाथ में दूध का प्याला देती हैं।]

गौतमा : लीजिए, थोड़ा दूध…।

मल्हार : *(हँसते हुए)* वाह! क्या बात है? बड़े दिनों बाद हमारी इतनी सेवा हो रही है, केशर लगा हुआ दूध—स्वयं आपके हाथ से, वाह!

गौतमा : हम तो रोज सेवा करने के लिए तत्पर हैं, मगर श्रीमंत पेशवा के इस बड़े सरदार को मुहिमों से लड़ाई से फुरसत मिले तब न।

मल्हार : तो आप कहें तो सब छोड़कर आपकी ही सेवा में…

गौतमा : *(एकदम बात को तोड़ते हुए)* नहीं, नहीं, ऐसा हम सपने में भी नहीं सोचेंगे। आपके पराक्रम पर ही तो यह दौलत खड़ी है, इतने सालों का हमारा साथ है। आपका तेज, आपका पराक्रम, आपके विजय की एक-एक गाथा आज भी हमारे आँखों के सामने है। याद है, आप सरदार कदमबांड़े के पथक में शीलेदार थे, तब पेशवा की सेना के साथ उत्तर की मुहिम पर गए थे।

मल्हार : *(खड़े होकर—इतिहास में प्रवेश)* हाँ-हाँ गौतमा! पिताजी की मृत्यु के बाद यह अनाथ मल्हार मामा के

घर भेड़ें चराता था। एक दिन भेड़ें चराते-चराते वहीं पेड़ के नीचे सो गया। मुझे नहीं मालूम कब एक नाग ने आकर मेरे सिर पर साया किया। आपके पिताजी मामा भोजराज ने यह दृश्य देखा और उन्हें लगा कि यह बच्चा—यानी कि मैं कोई साधारण बालक नहीं, जरूर कोई बड़ा बनेगा, तब से हमारा भेड़ें चराना बंद हो गया, मामाजी ने हमें भाला, तलवार, कुश्ती सब सिखाना शुरू किया और बड़े होने पर हमें सरदार कदमबांड़े की सैनिक टुकड़ी में भरती किया। एक दिन हमारे जीवन में वह तेजस्वी मौका आ ही गया, जब स्वयं पेशवा बालाजी विश्वनाथ, खंडेराव दाभाड़े, संताजी भोंसले, तुकोजी पंवार जैसे महान् सेनानी समेत उत्तर में दिल्ली के लिए निकले और रास्ते में कदमबांड़े की सेना भी उसमें शामिल हो गई, जिसमें हम थे। हाँ, हम थे और आपको मालूम है गौतमा, उसमें युवा बाजीराव भी थे।

गौतमा : *(हँसते हुए)* हाँ-हाँ, कई बार सुना है हमने, तभी से हमारे सूबेदार और बाजीराव साहब के बीच एक अटूट मित्रता हो गई। तिरला धार में आपका पराक्रम देखकर पहले आपको 500 घुड़सवारों के पथक का प्रमुख बनाया और फिर चल पड़ी मल्हारराव की तलवार! *(शरमाते हुए चुप होती है)*

मल्हार : *(हँसते हुए)* ओ हो! चुप क्यों हो गईं? आपके मुँह से अपना नाम सुनना बड़ा अच्छा लगता है। लेकिन सच है—उस समय पेशवा बाजीराव का विश्वास, राणोजी शिंदे उदाजी पंवार का साथ, इसके कारण

सामने महमूद खाँ बंगश हो या चाहें निजाम, हम सदा जीतते रहे और पूरा मालवा प्रांत श्रीमंत बाजीराव और मराठा छत्रपति के आधिपत्य में आ गया। हाँ, इस सब में इंदौर के राव नंदलाल के सहयोग को हम नहीं भूल सकते। बड़े विश्वास से श्रीमंत पेशवा ने मालवा प्रांत की सनद हमारे हाथ में सौंप दी।

गौतमा : हाँ, सभी का साथ पाकर आज यह समृद्ध मालवा सूबेदार के छत्र में प्रगति कर रहा है। और हमारी गृहस्थी भी फल-फूल रही है। हमारा बेटा खंडेराव, बहू अहिल्या अब सयाने हो गए हैं। देखा, हमारी अहिल्या ने महल की कैसे काया पलट कर दी है। हरकुँवर बाई तो उसे एक पल आँखों से ओझल नहीं होने देती। बड़ी प्यारी बेटी है हमारी।

मल्हार : हाँ-हाँ, पसंद तो हमारी ही है न? आपको पता है, हम सेना के साथ पूना जा रहे थे, रास्ते में नगर के पास चौंड़ी गाँव में हमारा मुकाम था। प्रातः काल सीना नदी के किनारे शिवमंदिर, सिनेश्वर के दर्शन के लिए गए थे, तभी भंडारा करके हम वहाँ खड़े प्रार्थना कर ही रहे थे तो एक साँवली-सी तेजस्वी कन्या ने मंदिर में प्रवेश किया। पूजा करके कितनी भक्तिभाव से हाथ जोड़कर खड़ी थी, हम देखते ही रह गए उस सात्त्विक तेज को और बस जैसे अंदर से सांब सदाशिव ने ही आज्ञा दी, यही तुम्हारी बहू, हाँ यही मेरे खंडेराव की पत्नी बनेगी और मेरे मालवा को सँभाल लेगी और···

गौतमा : और! और क्या?

मल्हार : बस, तुरंत हमने पुजारीजी को साथ लिया, अहिल्या

के पिता माणकोजी शिंदे से बात की और आपकी अनुज्ञा से खंडू अहिल्या का विवाह करके अहिल्या को ले आए और आपकी गोदी में दे दिया।

गौतमा : हाँ-हाँ! आप उसे लाए और हमें दे दिया, और हमनें भी बड़े जतन से उसे पाला है, सब शास्त्रों का अभ्यास कराया। रामायण, महाभारत सब का श्रवण-पठन कराया, पूरा हिसाब-किताब लिखना, देखना, व्यवस्था जमाना, सब में बड़ी कुशल है हमारी बहू, गुणवान है, जहाँ जाती है, चंद्रमा की शीतलता देती है।

मल्हार : हाँ! आपने संस्कार दिए और हमने खंडू के साथ-साथ घुड़सवारी, भाला-फेंक, सब शस्त्र चलाना सिखाया। बड़ी होशियार है हमारी बेटी। कभी-कभी आपके बेटे से भी ज्यादा तेज और सही निशाने पर भाला फेंकती है।

गौतमा : हाँ-हाँ, मालूम है! मेरा खंडू भी उतना ही तेज है, कभी-कभी थोड़ा उद्दंड हो जाता है, इसलिए थोड़ी चिंता होती है। आपको मालूम है, आज हमारे बेटे-बहू की मिलन की पहली रात है।

मल्हार : फिर इस खुशी के मौके पर आप क्यों हमसे इतनी दूर खड़ी हो? *(गौतमा गरदन झटकती है)* ओहो! रूठो न, आओ भी, यहाँ पास बैठो, एक प्यार भरी नजर इस सिपाही पर भी। *(गौतमा हँसते हुए पास आती हैं, इतने में अंदर से अहिल्या की आवाज—सासूजी, सासूमाँ, माँ-जी-माताजी पुकारते अहिल्या का प्रवेश। घबराई हुई, थोड़ी अस्त-व्यस्त मगर मल्हारराव को देखकर ठिठक जाती है, सिर पर पल्लू लेने की*

कोशिश करती रुक जाती है, गौतमाबाई मल्हारराव को जाने का इशारा करती हैं, वे चले जाते हैं।)

गौतमा : *(अहिल्या को धीरे-धीरे लेकर आती हैं अपने पास बैठाती हैं)* बोलो बेटी, क्या हुआ?

अहिल्या : *(रोते हुए)* माँजी, माँ साहब, हमें बचा लो।

गौतमा : शांत हो बेटी, शांत हो जा, क्या हुआ? आज तो तुम्हारे जीवन का सौभाग्यशाली दिन है तो यह रोना कैसा? खंडेराव ने कुछ कहा, बोल मेरी बच्ची बोल, क्या हुआ?

अहिल्या : सासू माँ उन्होंने शराब पी रखी है। हम शराब की गंध नहीं सह सकते। सच माँजी, नहीं सहन होता हमें। हमने उनसे कहा कि शराब पीकर हमारे महल में नहीं आएँ, हमसे बरदाश्त नहीं होगा तो वे गुस्सा हो गए, हम पर हाथ उठाने लगे। माँजी, क्या हमने कुछ बुरा कहा? कुछ गलत कहा?

गौतमा : नहीं-नहीं, लेकिन क्या खंडेराव ने तुम पर हाथ उठाया?

अहिल्या : *(जल्दी-जल्दी में)* नहीं माँ, नहीं। हाथ उठाया मतलब इतने गुस्सा हो गए थे, जैसे उठा ही रहे थे कि हम यहाँ भाग आए, माँ क्या हमने गलत किया? उन्हें बुरा कहा?

गौतमा : नहीं बेटी, बुरा तो नहीं कहा। लेकिन बेटी, जीवन में सुख पाना हो फूलों की सेज पर फूलों की खुशबू के साथ यह गंध भी सहनी होगी बिटिया, सूबेदारी की भव्यता के साथ उसकी दाहकता भी उतनी ही झेलनी होगी। होलकर यानी पराक्रमी सूरज...

अहिल्या : *(दृढ़ता से)* माँजी, हमने बचपन से सांब सदाशिव

की अर्चना की है। धरती जब सूरज से प्रेम करने लगती है, उसके इर्द-गिर्द घूमती है, तब सूर्य की दिव्यता के साथ उसकी दाहकता को झेलने का सामर्थ्य रखती है। लेकिन सूरज, सूरज तारिकाओं से घिरा नहीं रहता, लेकिन यहाँ शराब के साथ-साथ नर्तकियाँ-नाटकशाला···

गौतमा : समझ गई बहू रानी, गृहस्थ धर्म में प्रवेश के समय कुछ समझौता तो करना ही पड़ता है और *(विशेषकर)* इस महल में प्रवेश करनेवाली होलकर स्त्री को तो समझकर ही चलना है। आप देख रही हो, हमने भी किया है। हरकुँवर मौसी को अपनी बहन माना और पति के प्यार के साथ गृहस्थी में सम्मान के साथ हम जीवन बिता रहे हैं। हम जानते हैं कि खंडेराव थोड़ा चंचल है, लेकिन हमें विश्वास है कि आपके मृदु, मधुर व्यवहार और सात्त्विक तेज से खंडेराव में जरूर परिवर्तन आएगा—बेटा, विश्वास रखो, हमें तो तुम पर पूरा विश्वास है।

अहिल्या : *(आँसू पोछकर वस्त्र ठीक करती है और चेहरे पर दृढ विश्वास)* हम आपके विश्वास पर आँच नहीं आने देंगे। हम अपने साधनामय जीवन से उनमें सुखद परिवर्तन लाएँगे। होलकर घराने का नाम और काम उज्ज्वल रहे, इसलिए सदा प्रयत्नशील रहेंगे। हमें आशीर्वाद दो माँ।

गौतमा : आयुष्यमान भव। यशस्वी भव। सौभाग्यवती भव।

□

प्रवेश-3

(कुछ साल बाद खंडेराव की रणभूमि में मृत्यु के पश्चात्)

[मल्हारराव का महल—मल्हारराव उदास बैठे हैं, नजर शून्य में। हरकुंवरबाई प्रवेश करती हैं—रोते-रोते ठिठककर देखती हैं, धीरे-धीरे पास आती हैं, आवाज लगाती हैं।]

हरकुँवर : सरकार! सरकार! *(कंधे को धीरे से स्पर्श करती है)* महाराज! धनी, धनी क्या हो गया आपको? यह क्या हालत बना रखी है? आप ही धीरज खो बैठेंगे तो प्रजा किसका मुँह देखेगी? कुंभेरी युद्ध में खंडेराव वीरगति को प्राप्त हुए। सारी प्रजा दुःखी है, सबको धीरज देना पड़ेगा धनी *(उनका सिर सहलाने की कोशिश करती है),* धनी, आप जैसा पराक्रमी पुरुष, जिसने अपने बल पर, स्वपराक्रम से होलकर राज्य की स्थापना की, अयोध्या के नवाब अहमद शाह को रोहीलो के उपद्रव से निजात दिलाई, मराठी शाही का झंडा अटक पार ले जानेवालों में आपका नाम अग्रणी सरदारों में लिया जाता है, महाराज आप जैसा वीर पुरुष आज हतबल होकर बैठे, नहीं-नहीं, यह नहीं हो सकता।

मल्हार : *(अपने ही विचारों में है)* हाँ, नहीं हो सकता। मेरा

बेटा आधे रास्ते में मेरा साथ छोड़कर जाए, यह नहीं हो सकता—नहीं, अब मेरा भी क्या बचा है? क्यों जीना?

हरकुँवर : नहीं धनी, ऐसा न सोचें। सबको धीरज देने वाले, संकट में सबको सहायता करनेवाले सूबेदार, क्या आज अपनी ही बहू को धीरज नहीं देंगे? उसके पीछे दृढता से खड़े नहीं रहेंगे। याद है, जयपुर के जयसिंह की मृत्यु के बाद उनका दिया वचन पूरा हो, इसलिए उनके पुत्र माधवसिंह के पक्ष में दृढता से आप खड़े रहे, क्योंकि आमेर के जयसिंह के विवाह के समय पुष्कर में हुए समझौते के अनुसार माधोसिंह का सिंहासन पर अधिकार था, उस पर अन्याय हो रहा था, आपने उसका साथ दिया और सबको इस बात के लिए राजी भी किया। सब आपकी बात मानते थे, क्योंकि आपका दबदबा ही ऐसा है, आज केवल मालवा ही नहीं, पेशवा के दरबार में, उदयपुर, जयपुर, दिल्ली दरबार में भी आपका वर्चस्व है, दरारा है, प्रभाव है, तो आज आपको ऐसे प्रभावहीन होकर कैसे चलेगा? उठो धनी, सबको हिम्मत दिलाओ अहिल्या को देखो—

सगुणा : *(आती है) (घबराहट से)* बाई साहेब, बाई साहेब!

हरकुँवर : क्या हुआ सगुणा? *(धीरे से उसे कोने में ले जाती है)*

सगुणा : *(धीरे से)* देवी ने सती होने का निश्चय किया है। यहीं आ रही है आशीर्वाद लेने। बाई साहेब, कुछ करो, रोको उन्हें *(सगुणा जाती है)*

हरकुँवर : क्या अहिल्या सती! नहीं-नहीं! *(वापस दौड़ते हुए*

मल्हारराव के पास जाती है।) धनी, धनी अनर्थ हो रहा है। अहिल्या! अहिल्या सती होने जा रही हैं, धनी रोको, उन्हें।

मल्हाराव : ओह, अं, क्या कहा? अहिल्या सती? यह नहीं हो सकता, वह तो मेरा बेटा है। मैं युद्ध पर जाता हूँ तो वो ही पूरा कारोबार सँभालती है। कई-कई बार युद्ध के समय पीछे से पूरी सेना की आवश्यकता को वो ही देखती है। शस्त्र, अस्त्र, बारूद, गोलाकारखाना देखती है। नहीं, नहीं, मेरे खंडू के बाद वही मेरा बेटा, मेरे बुढ़ापे की लाठी। मैं रोकूँगा, उसे रोकूँगा।

हरकुँवर : धनी! वह सती वस्त्रों में अहिल्या आ रही है। मैं नहीं देख सकती, धनी। आप ही सँभालो *(रोते हुए जाती है)*

(अहिल्या सतीवेश में धीरे-धीरे प्रवेश करती है)

(मुखमंडल पर दृढ निश्चय परिलक्षित है शांत कदमों से प्रवेश करती है)

मल्हारराव : अहिल्या! अहिल्या! ये हम क्या देख रहे हैं? *(विह्वल होकर)* क्या यही दिन देखने के लिए ईश्वर ने हमें जीवित रखा? हे ईश्वर!

अहिल्या : पिताजी, आशीर्वाद दीजिए कि पत्नी-धर्म का पालन करते समय मेरा चित्त पतिचरणों में एकाग्र रहे। *(नमस्कार के लिए झुकने लगती है)*

मल्हारराव : *(उसे उठाते हुए)* नहीं-नहीं, बहूरानी, इस बूढ़े को इस प्रकार अकेला छोड़कर मत जाओ। बेटा तो भगवान् ने छीन ही लिया, अब तुम भी मुँह मोड़कर चली जाओगी! तो···नहीं-नहीं। तो हमारा और इस दौलत

का क्या होगा। अब तो तुम ही इस बूढ़े सूबेदार की आँख की ज्योति हो, इस दौलत को मालवा की चेतना हो, तुम ही हमारी बहू, तुम ही बेटा हो।

अहिल्या : *(स्थिर भाव से)* पिताजी, आपने ही शादी के समय कहा था न कि अहिल्या हमारा पुत्र चंचल है, हठधर्मी है, उसे अपनी सात्त्विक आँखों से कभी दूर मत रखना। उसे आजीवन सँभालना। पिताजी, छत्रपति शाहू महाराज ने स्वयं शादी के समय हमारे मुँह में शक्कर डालते हुए कहा था, शक्कर जैसे जीवन में एक रस होकर घुल जाती है, वैसे ही अपने पति के जीवन में एक हो जाना। पिताजी! अब हमें अपना पत्नी-धर्म निभाने दीजिए।

मल्हारराव : *(समझाते हुए)* अहिल्या, पत्नी-धर्म के लिए सती हो जाना एक सर्वसाधारण नियम माना जाता है। लेकिन तुम इसका अपवाद हो। तुम्हारा कर्तव्य, तुम्हारा गांभीर्य, तुम्हारी आकलन शक्ति, यह सात्त्विक तेज, यह सब तुम्हारा असामान्य होना दरशाता है, अब हमारी वृद्धावस्था हो गई है, बच्चे अभी छोटे हैं, ऐसे में इस राज-काज की देखभाल कौन करेगा? नहीं-नहीं अहिल्ये! तुम सामान्य स्त्रियों के समान केवल पत्नी-धर्म का पालन करने के लिए इस धरती पर नहीं आई हो। हमें तुम्हारी योग्यता पर पूरा विश्वास है। इस मालवा की धरती को, प्रजा को तुम्हारी जरूरत है। सुन, सारी प्रजा तुम्हें पुकार रही है।

(अंदर से प्रजा की आवाज (आवाज दो-तीन बार)— देवी! हमें छोड़कर मत जाना, मातोश्री)

मल्हारराव : सुन अहिल्ये, सुन, प्रजा की आवाज सुन, इस बूढ़े की

प्रार्थना सुन। बेटी! यह बूढ़ा सूबेदार तुम्हारे पैरों पर पगड़ी रखकर तुमसे यह भीख माँगता है। *(पगड़ी पैर पर रखते हैं)* बेटी! सती होने का विचार छोड़ दो। *(अंदर से समवेत करुण स्वर! देवी माँ! हमें छोड़कर मत जाइए, मत जाइए।)*

अहिल्या : *(गंभीरता से विचार मग्न होकर)* पिताजी, यह आप क्या कर रहे हैं? जिन होलकरों के पराक्रम की धाक पूरे हिंदुस्तान में है, उन होलकर सूभेदार की पगड़ी मेरे जैसी सामान्य स्त्री के चरणों पर! नहीं-नहीं! *(पगड़ी उठाकर मस्तक से स्पर्श कर, हाथ में पगड़ी लेकर विचारों में डूब जाती है।)*

(मल्हारराव हतबल खड़ा है या बैठ जाता है)

[मंच पर अंधकार, केवल अहिल्याबाई पर फोकस नेपथ्य में स्वर गंभीर आवाज]

जीजाबाई : क्या सोच रही हो, अहिल्या?

अहिल्या : कौन? जीजा, माता!

जीजाबाई : अहिल्या क्या स्त्री केवल पत्नी ही है? पत्नी-धर्म निभाएगी? फिर तुम्हारा मातृधर्म, स्त्रीधर्म और तुम्हारा राष्ट्रधर्म उसका क्या होगा? भूल गई इतिहास को। भूल गई अतीत को। याद करो, जब हमारे पति शहाजीराजे की मृत्यु हो गई थी और हम भी पत्नी-धर्म निभाने जा रहे थे, सती हो रहे थे, तब हमारे पुत्र शिवबा ने हमारे चरणों में गिरकर हमें स्वराज्य की शपथ दिलाकर सती होने से रोका और हम वापस आए। क्या हम केवल अपने पुत्र के लिए वापस आए? क्या पुत्रप्रेम ने हमें पीछे खींचा? नहीं! अहिल्या नहीं, स्वराज्य

के लिए मृतवत् होकर, दीन-हीन बनकर, अत्याचार में पिस रहे समाज के उत्थान के लिए उसमें पराक्रम जाग्रत् कर राष्ट्र निर्माण का सपना पूरा करने के लिए हम सती धर्म से वापस आए। सोचो अहिल्ये! भारतीय स्त्री अबला, भोगदासी नहीं, वह तेजस्वी, मातृशक्ति है, उसका जीवन केवल उसका अपना नहीं होता। याद करो, सती, सीता को, माता कुंती को, तेजस्विनी द्रौपदी को, क्या उन्होंने कभी अपने सुख का, केवल अपना ही विचार किया? भारतीय स्त्री की उज्ज्वल परंपरा अगर खंडित हो गई तो राष्ट्र कभी नहीं उठ सकता। देवी सती होना यानी केवल पति के साथ चिता में जलना नहीं। अहिल्ये! सती का व्रत दिव्य दाहक है—तिल-तिल जलते हुए समाज को प्रकाशमय बनाना, यही भारतीय स्त्री की परंपरा है। हम भी इसी महान् परंपरा को याद कर वापस आए और अपना कर्तव्य निभाया। वही उज्ज्वल परंपरा तुम्हें कायम रखनी है। भारतीय नारी के सतीत्व को अमर बनाना है। तुम्हें यह कार्य करना है। अहिल्ये! तुम्हें! हाँ, तुम यह कर सकती हो, तुम ही। तुम सती नहीं हो सकती अहिल्ये। *(स्वर शांत होता है)*

अहिल्या : *(स्थिर चित्त होकर)* ठीक है, अगर शंभु महादेव की यही इच्छा है, अहिल्या का जीवन जन कल्याणार्थ समर्पित हो, तो हम अपना विचार त्याग देते हैं। *(पगड़ी मल्हारराव के सिर पर रखती है।)*

मल्हारराव : *(गद्गद होकर)* धन्य हो अहिल्या! आज तुमने इस बूढ़े की लाज रख ली। मेरा आशीर्वाद है। मुझे

विश्वास है, बेटी अपने व्यवहार से पूरे समाज में एक आदर्श स्थापित करोगी। आनेवाली कई पीढ़ियाँ तुम्हारे त्याग, धैर्य, कर्तव्य की यशगाथा गाएँगी। सती की पुण्याई को नमन करेंगी।

अहिल्या : पिताजी, हमें आशीर्वाद दीजिए। राजकार्य की जवाबदारी वहन करने का कठिन कार्य आपने हमें सौंपा है। ईश्वर हमें धैर्य दे, शक्ति दे, ताकि हम आपकी मनोकामना पूरी कर सकें। *(वंदन करती है)*

(दृश्य समाप्त)

□

प्रवेश-4

[मल्हारराव की मृत्यु के बाद मालेराव के नाम से सुभेदारी की मान्यता के वस्त्र आते हैं।]

(दो दासियों का प्रवेश)

सगुणा : मंजुले, ओ मंजुले! इतनी जल्दी कहाँ जा रही हो?

मंजुला : अरे! तुझे नहीं मालूम, आज पुणे से मालेरावजी के नाम से सुभेदारी के मानवस्त्र भेजे हैं और आज उनका राज्यारोहण समारोह भी है।

सगुणा : मालेराव और सुभेदारी? ओ-ओ! ये तो नीम पे करेला। पहले ही सारी प्रजा मालेरावजी की शरारतों से त्रस्त है। कभी किसी के कपड़ें में बिच्छू रखते हैं, तो मंत्रपठन के लिए आए ब्राह्मणों के पानी के बरतन में मेढक। कभी किसी की छोटी सी भूल के लिए हजारों कोड़े मारना, तो कभी किसी शागिर्द की रूपसी पत्नी को...हाय राम अब क्या होगा।

मंजुला : अरे-अरे! इतनी मत घबरा! वो तो नाममात्र के सूभेदार रहेंगे। राज्य का पूरा काम-काज तो मातोश्री ही देखेंगी। लेकिन वंश परंपरानुसार उन्हें सूभेदार बनाना जरूरी है। मातुश्री का कहना है, शायद सुभेदारी की

पगड़ी सिर पर आने के बाद जिम्मेदारी की भावना से मालेरावजी सुधर सकते हैं।

सगुणा : यह तो ठीक है, लेकिन मुझे तो डर है कि भरे दरबार में मानवस्त्र लेते समय वे कोई शैतानी न कर बैठें।

मंजुला : इसीलिए तो मातुश्री ने हमें कहा है कि पूरा-पूरा ध्यान रखो। बाकी सबको, हरकुँवर मौसी को भी संदेशा देना है तैयारी पर ध्यान देने का और सावधानी रखने का! चल, जल्दी। बहुत काम है।

(अंदर से मंगल वाद्यों और सब प्रकार की आवाजें आ रही हैं)

सदानंदाचा येळकोट। सूभेदार मालेराव की जय!

(सूभेदारजी सबका सम्मान कर रहे हैं)

इनको सोने का कड़ा। ले लो पालकी का मान, हाथी का अधिकार, वो आए राजपुरोहित। कितनी सुंदर जरी कढ़ाई की शॉल है,

(सूभेदार राजपुरोहित को स्वयं पहना रहे हैं) राजपुरोहित दर्द से कराहते हैं। आ! अरे, यह क्या हो गया? राजपुरोहित अस्वस्था जल्दी राजवैद्य को बुलाओ। हाय ये क्या किया सुभेदार ने।

(दृश्य परिवर्तन)

□

प्रवेश-5

[भगवान् के सामने माता चिंतामग्न बैठी हैं। हाथ में माला है]

अहिल्या : मालेराव! यह क्या किया आपने। कम-से-कम आज के दिन तो ऐसा नहीं करते। कितने दिन बाद मेरे मालवा के भाग्य में आज हर्ष के क्षण आए थे। बड़े सुभेदारजी की मृत्यु के पश्चात् मानो पूरा मालवा उदास हो गया था। मल्हार बाबा पहाड़ जैसे मेरे ससुर, मालवा पर उद्दंड माया-ममता करनेवाले पिता समान मेरे ससुर, इस अहिल्या को ये दिन देखने के लिए अकेले छोड़ गए। कितने प्यार से, कितने दुलार से मेरे सिर पर हाथ रखकर पूछा था—बहू बनोगी मालवा की? सँभालोगी मेरे खंडेराव को। *(निःश्वास)* सबकुछ पीछे छूटता जा रहा है। कितने सुंदर थे बचपन के दिन। न कोई चिंता न कलेश। सीना नदी के किनारे हरे-भरे खेतों में फूल-पत्ती तोड़ते खेलना, कूदना और थक जाने के बाद पिताजी की गोद में सो जाना। पिताजी कितना चाहते थे, हमें कहते थे, देवी का रूप है। मेरी अहिल्या साक्षात् अंबाबाई का प्रसाद, राज करेगी मेरी बिटिया, देवी

का रूप हंऽऽऽ। फिर देवी के कोख से यह असुर कैसे पैदा हुआ? हे ईश्वर! कौन से पाप किए थे मैंने, जो मेरी कोख से यह कुपुत्र जन्मा। इस राजघराने की परंपरानुसार यहाँ से याचक हमेशा तृप्त होकर जाता है, लेकिन आज स्वयं राजपुरोहित मालेराव की शैतानी का शिकार हुए। सोचा था, शायद सुभेदार की पगड़ी सिर पर आने से सुधर जाएगा, समझदारी से काम सँभालेगा, कम-से-कम आज के दिन तो ये सब न करते। आज के दिन। हे भगवान्!

मंजुला : *(प्रवेश : हाथ में फलाहर की थाली व दूध का गिलास)* मातोश्री···

अहिल्या : मंजुले! सच बताना, उस शॉल में क्या था?

मंजुला : मातोश्री···

अहिल्या : *(कड़क स्वर में)* हमें सत्य बात चाहिए, मंजुला!

मंजुला : मातोश्री पूरे छह इंच का जहरीला बिच्छू था।

अहिल्या : शिव-शिव! राजपुरोहितजी का औषधि-उपचार?

मंजुला : हाँ मातोश्री! राजवैद्य ने दवाई दी है। अब वे स्वस्थ्य हैं। आप चिंता न कीजिए।

अहिल्या : चिंता, अब इस अहिल्या का जीवन ही चिंता बन गया है। सुरा, सुंदरी का व्यसन मालेराव के पिता को भी था, लेकिन उससे दूसरों को परेशानी नहीं थी, उसका दुःख हम तक ही सीमित था, लेकिन यहाँ तो इतनी सी उम्र में व्यसनों के साथ दुर्गुण भी हैं। क्या होगा इस राज्य का, इस घराने का···

मंजुला : मातोश्री शांत हो जाइए। सुबह से यहाँ भगवान् के चरणों में बैठकर आप रोए जा रही हो, सोचती जा

रही हो, संतप्त हो रही हो, कुछ नहीं खाया, दूध तक नहीं लिया। मातोश्री, आज के दिन कम-से-कम मुँह जूठा कीजिए। इधर आपने कुछ नहीं खाया, उधर मौसीजी ने भी कुछ नहीं लिया। मातोश्री, आप जैसी माँ का साया जिस घर पर हो, वहाँ चिंता किस बात की। सब ठीक हो जाएगा।

अहिल्या : पुत्र के पाप का प्रायश्चित्त माँ को ही करना पड़ता है। मंजुला, आज अहिल्या को दूध नहीं विष का घूँट पीना पड़ रहा है। फलाहारी हं···, भगवान् ने मेरे ही आँचल में कड़ुआ फल क्यों डाला? अब यह फल खाकर कैसे मुँह मीठा होगा?

मंजुला : एक गिलास गंगाजल डाला हुआ ठंडा पानी देना और एक तुलसी पत्र, बस। अब अहिल्या को सुख की अभिलाषा पर तुलसी पत्र ही रखना है। *(मुंजुला पानी देती है)*

अहिल्या : मंजुला, मेरे भाई आए हैं। रात को भोजन में अपने मामा के साथ मालेराव उपस्थित रहेंगे न? आज विशेष आयोजन है, उनका उपस्थित रहना जरूरी है।

मंजुला : मातोश्री छोटे सुभेदार शिकार खेलने गए हैं। आप और मामा साहब मिलकर इस आयोजन को पूर्ण करें ऐसा सूचित कर गए हैं।

अहिल्या : मंजुला आँख बंद करने से कहीं सूर्योदय रुकता है, कितना छुपाओगी? जानती हूँ, कौन सा शिकार साधने गए हैं। फूल-सी मेरी दोनों बहुएँ कितनी अच्छी हैं, लेकिन दुर्भाग्य मेरा··· *(सँभालते हुए दृढता से)* मंजुला, कागज-कलम लाओ एक प्रयास और सही—

(मंजुला कागज कलम लाती है)

लिखो कि मालेराव सूभेदार, मातोश्री का आशीर्वाद। आगे निवेदन है कि अब आपने सुभेदारी की जिम्मेदारी ग्रहण की है। अतः अपने दादाजी की उज्ज्वल कीर्ति याद कर राजकाज में मन लगाइए। दादाजी के निधन का दुःख भूलकर उनके कार्यों को याद कीजिए। बचपना एवं अपकीर्ति की बात न करें। संयम अपनाकर प्रजा के हितों की रक्षा करें। गंगाधर तात्या की सलाह से राजकाज का काम करें। शेष कुशल! जा, यह खत किसी खास सेवक के हाथ मालेराव तक पहुँचाने की व्यवस्था करना।

(दृश्य समाप्त)

□

प्रवेश-6

[कुछ दिन बाद अहिल्या चिंतित बैठी हैं। मंजुला पास खड़ी है। सेवक का प्रवेश]

सेवक : माँ साहेब, क्षमा करें।

अहिल्या : क्या बात है हरबा? निश्चिंत होकर बताओ।

हरबा : माँ साहेब दफ्तर में चर्चा हो रही है कि सुभेदार साहेब का ध्यान राज्य की तरफ नहीं है। काम ठप सा हो गया है। कर-वसूली ठीक नहीं हो रही है, पत्रों का जवाब देना है, बड़े सूभेदार गए। माँ साहेब शोक मग्न। नए सूभेदार का ध्यान कुछ-कुछ दूसरी ओर है। क्या होगा दौलत का? क्या होगा भविष्य मालवा का? माँ साहेब! दफ्तर में कारभारी इस प्रकार चर्चा कर रहे थे··· *(हिम्मत जवाब देने से चुप हो जाता है)*

अहिल्या : हरबा! जब तक हम जीवित हैं, प्रजा की चिंता किसी को नहीं करनी पड़ेगी। जाओ, कारभारी से पत्र लेकर आना। हम स्वयं जवाब देंगे। *(सेवक जाता है)* मंजुला, तुकोजी मिलने नहीं आए? दूर के रिश्ते के हमारे देवर ही सही, लेकिन, हम तो उन्हें पुत्र के समान ही मानते हैं। बड़े सुभेदार का भी उन पर बड़ा

विश्वास और प्रेम था। जाते समय उन्होंने मालेराव का हाथ तुकोजी के ही हाथ में दिया था और कहा था कि राज्य को सँभालो। अहिल्या की मर्जीनुसार कार्य करो। सचमुच तुकोजी हमें मातृवत् मानते हैं। पूरे राज्य की जवाबदारी सँभालते हैं, लेकिन सुना है, सेना को तनख्वाह नहीं मिली! कारोबार में कुछ ढिलाई आई है? और तुकोजी हमें मिलने तक नहीं आए। मंजुला, जाओ और शीघ्र ही उन्हें बुलावा भेजो।

(मंजूला जाती है/सेवक आता है)

हरबा : यह पत्र लाया हूँ। माँ साहेब, आज्ञा हो तो पढ़ूँ।

अहिल्या : हाँ, बेशक पढ़िए, हरबा।

हरबा : पत्र खरगोन से है, इस साल वर्षा कम होने से कई गाँवों में कुएँ सूखे हैं, बारिश कम होने से कुछ इलाकों में पशुओं को चारा नहीं मिल रहा है।

अहिल्या : गंभीर समस्या है, कुएँ सूखे हैं तो सुरंग लगाने की व्यवस्था करनी होगी, ताकि कुएँ गहरे हों, वहाँ पानी निकले, पशुओं को चारा आवश्यक है, कुछ खेत चरनोई के रूप में छोड़ने पड़ेंगे। आगे पढ़ो—

हरबा : दुलेलाल मंडलोई कस्बे इंदूर का पत्र है, राव सिवलाल कोतवाल ने उनकी दुकान पर जबरदस्ती कब्जा किया है। इस बाबत···

अहिल्या : क्या कोतवाल ने गलत कब्जा किया? हमें स्वयं देखना पड़ेगा और कड़ा पत्र लिखकर दुकान वापस दिलवानी पड़ेगी, उस अनुसार पत्र लिखना है कि जबरदस्ती कब्जा किया हो तो तुरंत वापस करें। दोबारा शिकायत न आने पाए, उचित नहीं होगा। आगे बताएँ।

हरबा : शेगाँव परगने से शिकायत है कि तोलाराम होलकर द्वारा मनमानी करके जुल्म करके पैसा वसूला जा रहा है। अभय चाहिए।''

अहिल्या : क्या इनकी यह हिम्मत, तुरंत वसूले पैसे का खुलासा सरकार में पेश करने की चेतावनी दो। हरबा रुको, लगता है प्रजा की तकलीफ के कई सारे पत्रों पर ध्यान नहीं दिया जा रहा, यह कदापि उचित नहीं। हरबा, हम कल इसी समय स्वयं सदर पर आएँगे, लेखनीक को बुलाकर रखना, सभी पत्रों का सिलसिलेवार तुरंत जवाब देना ही पड़ेगा, सील सिक्का भी स्वयं लगाकर हम व्यवस्था देखेंगे।

(मुजरा कर हरबा जाता है/तुकोजी का प्रवेश)

तुकोजी : *(मुजरा करते हैं)* शीघ्र उपस्थित होने की आज्ञा हुई आईसाहेब, कुछ विशेष ?

अहिल्या : *(गुस्से से)* आइए सुभेदार साहब।

तुकोजी : *(विस्मय से)* जी, मैं-मैं समझा नहीं।

अहिल्या : अच्छा! तो सुभेदारी के वस्त्र लेने आपको शिव बाबाजी और नारो गणेश के साथ पूना भेजा था, तब हमारी आज्ञा के बिना शिव बाबाजी को पूना श्रीमंत के पास छोड़ आए और नारो गणेश को दीवान पद दे दिया। तब आपके समझ में सब आ रहा था ? तुकोजी, हमारे ससुरजी के आप विश्वास के व्यक्ति हो, हमें भी आप माता समान मानते हो, आपमें साहस है, शौर्य है, निष्ठा है, इसलिए हमने दौलत का पूरा कारोबार आपके हाथ में दिया। लेकिन इसका मतलब यह तो नहीं कि इस दौलत से हमारा रिश्ता ही टूट गया। पूरी

दौलत आपके स्वाधीन हो गई। अगर आप यही चाहते हैं तो ठीक है, हम नर्मदा किनारे जाकर पूजापाठ में अपने आपको लगाते हैं।

तुकोजी : नहीं-नहीं, आईसाहेब। आपको कुछ गलत फहमी हो गई है। हमने स्वप्न में भी कभी ऐसा नहीं सोचा। हमेशा आपके चरणों की सेवा करते आया हूँ और करता रहूँगा। पूना में श्रीमंत के सामने हम कुछ बोल नहीं पाए। आपके ध्यान में सब लाने ही वाले थे। मातोश्री विश्वास कीजिए। प्रत्यक्ष मार्तंड ने भी आकर कहा तो भी आपके चरण छोड़कर तुकोजी कहीं नहीं जा सकता।

अहिल्या : ठीक है। *(आसन पर बैठती हैं)* तुकोजी, शौर्य के साथ थोड़ी गंभीरता, थोड़ा धैर्य, थोड़ा विचार धारण करो। आज इसलिए बुलाया है कि हमने सुना है, सेना को तनख्वाह नहीं मिली ? फौज के अधिकारियों को, सिपाहियों को नाराज रखकर, भूखा रखकर राजकार्य कैसे चलाया जा सकता है ?

तुकोजी : जी वो तो ठीक है, लेकिन...

अहिल्या : याद है ! बड़े सुभेदारजी की मृत्यु के पश्चात् पिंड को काक स्पर्श नहीं हो रहा था ? तब आपने क्या कहा था।

तुकोजी : जी, हाँ जी ! सब याद है। *(थोड़ा आवेश में)* सूरजमल जाट के साथ युद्ध में खंडेरावजी आपके पति की मृत्यु हो गई तब बड़े सुभेदार मल्हार बाबा ने शोक संताप में प्रतिज्ञा की थी कि जिसके कारण हमारे बेटे की मृत्यु हो गई, उसके टुकड़े-टुकड़े कर यमुना में फेंककर उसका पारिपत्य करूँगा, पुत्र की मृत्यु का

बदला लूँगा। लेकिन उनकी प्रतिज्ञा पूरी नहीं हो पाई, इसलिए पिंड को काक स्पर्श नहीं हो रहा था। यह देख हमने कहा था कि चिंता न करें, जाटों का बदला हम लेंगे और तत्काल काक स्पर्श हुआ।

अहिल्या : *(उदास)* जी। ठीक यही हुआ था उस समय *(गुस्से में)*…फिर देर किस बात की है। सेना निकल क्यों नहीं रही। यह सुस्ती कैसी?

तुकोजी : क्षमा कीजिए, आईसाहेब। कहने की हिम्मत नहीं हो रही। छोटे सुभेदार दिन-रात शिकार पर रहते हैं। मिलने की अनुमति माँगी, इजाजत नहीं मिली। फिर एक दिन बिना इजाजत के अचानक पहुँचे तो देखा…

अहिल्या : क्या देखा, तुकोजीराव?

तुकोजी : देखा, सुभेदार शराब के नशे में धुत्त पड़े हैं। आसपास कुछ ऐसे-वैसे ही लोग घेरे हुए हैं। फिर भी हमने हिम्मत करके बात करनी चाही। मुहिम पर जाने की आज्ञा माँगी तो हमें सेवक द्वारा बाहर निकलवा दिया। *(मुँह छिपाते हैं)*

अहिल्या : तुकोजीराव, समझ में नहीं आता, किन शब्दों में आपको सांत्वना दूँ। शर्म के मारे हमारा सिर झुक जाता है। हमें क्षमा करें।

तुकोजी : नहीं-नहीं, आईसाहेब। आप दुःखी नहीं होना। हमें मालूम है, पहले ही आप अपने दिल पर व्यथा का बोझ लिये कार्य कर रही हैं। उस पर हम आपको और कष्ट देना नहीं चाहते। इसलिए आज तक हम आपके सम्मुख उपस्थित नहीं हुए, न ही कुछ कहने का साहस किया।

अहिल्या : नहीं-नहीं, तुकोजीराव। हमारे व्यक्तिगत सुख-दुःख के कारण सुभेदारी के कार्य रुक नहीं सकते। आप चिंता मत कीजिए। हम आज ही पूरी व्यवस्था करते हैं। मंजुला, इधर आना। *(आती है)* जाओ, सेवक को भेजकर कारभारी गंगोबा तात्या को बुला लाओ। *(मंजुला जाती है)* तुकोजीराव सेना राज्य का महत्त्वपूर्ण अंग है, उसकी व्यवस्था में जरा भी ढिलाई नहीं होनी चाहिए राज्य की सुरक्षा-व्यवस्था मजबूत हो, तो ही राज्य में अन्य विकास तेजी से हो सकते हैं।

तुकोजी : क्षमा कीजिए आईसाहेब! आगे से ऐसी भूल नहीं होगी।

(गंगोबा तात्या का प्रवेश)

(सरल बनने की कोशिश, लेकिन काँइयाँपन धूर्तता नहीं छिप रही)

गंगोबा : *(मुजरा करते हैं)* सेवा में हाजिर हूँ, बाईसाहेब।

अहिल्या : तात्या, राजकाज के सूत्र आपके हाथों में क्यों सौंपे हैं, जानते हो? इस सुभेदारी को सँभालने के लिए। कुत्ते-बिल्लियों को खिलाने के लिए नहीं।

तात्या : बाईसाहेब, आप निश्चिंत रहिए। हम राज-काज का पूरा ध्यान रख रह रहे हैं। वो तो छोटे सुभेदार अभी युवा है। थोड़ा-बहुत शौक तो चलता ही है। वैसे हम बराबर ध्यान रखे हुए हैं।

अहिल्या : *(गुस्से में)* राज्य में सूखे की स्थिति बन रही है। कमाविसदारों के पत्र आ रहे हैं। अव्यवस्था फैल रही है। अधिकारियों पर ठीक नियंत्रण नहीं हो रहा है।

क्या यही राजपाट आप सँभाले हुए हैं?

तात्या : वो तो बाई साहेब, हम सभी पत्रों के जवाब छोटे सूभेदार से सलाह-मशविरा करके देने ही वाले थे। लेकिन इसके पहले ही आपने···

अहिल्या : लेकिन इसके पहले ही हमने हरबा से पत्र मँगवाकर जवाब लिखवा दिए, यही न? क्योंकि आप मालेराव से मशविरा करें तब तक सूखे से मरने वाले मनुष्य, पशु-पक्षी आपका इंतजार नहीं कर सकते। तात्या, अभी तक सेना को पगार नहीं मिली?

तात्या : *(तुकोजी की तरफ इशारा)* मैदानी वीर अब दीवानखाने में भी शस्त्र चलाने लगे *(हँसते हुए)* बाईसाहेब, आप चिंता न करें। दो-चार दिन इधर-उधर ही सही, लेकिन सब ठीक हो जाएगा। आप भगवत् भजन और पूजा-अर्चना में अपना ध्यान केंद्रित करें!

अहिल्या : *(कठोर)* और आप इधर इस दौलत को नीलाम करवाइए, यही न? तात्या छोटे मुँह बड़ी बात सुनने के हम अभ्यस्त नहीं हैं। हमें क्या करना चाहिए, हम खूब जानते हैं। जाइए और राजकाज की मुहर, सील, सिक्के हमारे पास भेज दीजिए। जब तक छोटे सुभेदार स्वयं आकर नहीं माँगते, मुहर हमारे पास रहेगी।

तात्या : जी हाँ। अगर इस गरीब पर आपका भरोसा नहीं रहा तो यही करना ही पड़ेगा। *(जाता है)*

तुकोजी : आईसाहेब! क्षमा करें, मगर आपने साँप की पूँछ पर पाँव रख दिया।

अहिल्या : हम शंकर भगवान् की अर्चना करते हैं। साँप को काबू में रखना भी जानते हैं। तुकोजी, आप जाइए। सेना की व्यवस्था कीजिए। *(तुकोजी जाता है।*

अहिल्या हाथ में स्मरणी लिये बैठ जाती हैं। अंदर से एका एक कोलाहल, शोर आवाज। मुझे मत मारिए, मैं निर्दोष हूँ। मारने की छुड़ाने की अलग-अलग आवाजें)। मंजुला दौड़ती हुई आती है, घबराहट से पसीने में तर···

मंजुला : मातोश्री! मातोश्री! भयंकर, महाभयंकर···

अहिल्या : शांत हो, मंजुले! क्या हुआ? यह कोलाहल कैसा? कौन किसे मार रहा है?

मंजुला : मातोश्री छोटे सुभेदार! छोटे सुभेदार के मन में किसी ने विष भर दिया कि उनके दरबार के मांत्रिक के सुभेदारजी की दासी···

अहिल्या : रुक क्यों गई, मंजुला, बोल अब हमारे कानों का इन सब बातों की आदत सी हो गई है। क्या हुआ मालेराव की दासी का?

मंजुला : मातोश्री किसी ने सुभेदारजी के कान भरे कि मांत्रिक के गुलाबी दासी के साथ अनैतिक संबंध हैं। और यह सुनते ही सुभेदारजी गुस्से से लाल-पीले हो गए। मांत्रिक को कोड़े मारने की आज्ञा दी, बिच्छुओं से भी कटवाया।

अहिल्या : हे भगवान्! फिर क्या हुआ?

मंजुला : मांत्रिक बाबा बार-बार बोल रहा था कि मैं बेकसूर हूँ। मुझे मत मारिए। मुझ पर दया करें।

अहिल्या : फिर···

मंजुला : सुभेदारजी ने एक न सुनी। आखिर मैं निरपराध हूँ, निर्दोष को आप दंड दे रहे हो। मैं मांत्रिक हूँ, मर भी गया तो भी आपको नहीं छोड़ूँगा। बदला लूँगा। ऐसा

बाएँ से दाएँ—उदाबाई, माता अहिल्या, गंगोबा तात्या और सेवक

माता अहिल्या और दासी मंजुला

माता अहिल्या और गंगोबा तात्या

बाएँ से दाएँ—माता अहिल्या, मुक्ता, उदाबाई और हरकू मौसी

माता अहिल्या और तुकोजी राव

माता अहिल्या

बाएँ से दाएँ—तुक्रोजी राव, माता अहिल्या और अनंत फाँदी

उदाबाई और माता अहिल्या

हरकू मौसी और मल्हार राव

बाएँ से दाएँ—उदाबाई, माता अहिल्या, मंजुला और अनंत फाँदी

बाएँ से दाएँ—उदाबाई, माता अहिल्या और मंजुला

कहकर वह मांत्रिक बेहोश हो गया। मुझे बहुत डर लग रहा है।

अहिल्या : अब निडर होकर ही ज़ीवन का सामना करना पड़ेगा। कर्म की गति अटल है। उसके सामने पूरा हिसाब देना ही पड़ेगा। हे शंकर! शंभो! शिव हरे···

मध्यांतर

□

प्रवेश-7

(मालेराव की मृत्यु के कुछ दिन पश्चात्)

[स्थान—महेश्वर का बाड़ा सादगी पूर्ण]

(सफेद वस्त्रों से युक्त बैठक, दो दासियाँ साफ-सफाई कर रही हैं)

दासी : सुभेदार मालेराव की मृत्यु से मातोश्री पर मानो वज्रपात हुआ। माँ साहेब इतना दान-धर्म, पूजा-पाठ करती हैं, एक समय भोजन लेती हैं, फिर भी भगवान् को दया नहीं आती।

मंजुला : सच कह रही हो सगुणा, मातोश्री के दुःख का मानो कोई अंत ही नहीं। सूभेदार मालेराव की मृत्यु के पश्चात् तो मातोश्री हिमालय जाना चाहती थीं, लेकिन कर्तव्य की निष्ठा ने देवी को रोका।

सगुणा : हाँ! इंदूर से मालेराव की स्मृतियाँ जुड़ी थीं। बीती बातें बार-बार याद आतीं। दुःख बढ़ता, इसलिए मातोश्री ने राजधानी महेश्वर लाने का निर्णय किया।

मंजुला : पवित्र नर्मदा किनारे बसी राजा महिष्मान की यह नगरी माता के कारण तीर्थस्थान बनती जा रही है।

सगुणा : बिल्कुल ठीक कहा तुमने, जहाँ देवी रहेगी, वह स्थान

तो पुण्य स्थली बनना ही है। जब से माता ने कारोबार हाथ में लिया है, पूरे राज्य में सुख का सूरज निकल आया है।

मंजुला : क्यों नहीं आएगा। यहाँ आते ही मातोश्री ने विभिन्न स्थानों से बुनकरों को बुलाकर बसाया। उन्हें मकान, धन सब सहायता दी। अब देखना देवी के आशीर्वाद से महेश्वर की साड़ियाँ पूरे हिंदुस्तान में प्रसिद्ध हो जाएँगी।

सगुणा : अरे, बुनकर ही क्यों, देवी तो पूरी प्रजा का ध्यान रखती हैं, गरीबों के लिए सदावर्त, अन्न-सत्र प्रारंभ किए। देश के सभी भागों से गरीब, विद्वान्, साधु-संत सभी महेश्वर आते हैं। देवी की कीर्ति सुनकर और धन्य हो जाते हैं दर्शन से। मैं तो दिन में तीन बार दर्शन करती हूँ देवी का। फिर भी मन नहीं भरता।

मंजुला : गंगाजल समान पवित्र हैं मातोश्री। पशु-पक्षियों तक सबका खयाल रखती हैं। *(एकदम कुछ याद करके)* चल भाई चल, देवी का दर्शन का समय हो गया है। भोजन के पहले देवी मंदिर दर्शन करने जाएँगी। वहाँ की तैयारी भी देखनी है। देवी को अनुशासनहीनता कतई पसंद नहीं। सब कार्य व्यवस्थित एवं समय पर चाहती हैं। स्वयं भी तो सुबह 4 बजे से रात 10 बजे तक कार्य करती रहती हैं। चल सगुणा, देवी का वर्णन करते तो सदियाँ बीत जाएँगी। देवी की गुणगंगा, गंभीर नर्मदा मैया जैसी अखंड बहती धारा है।

सगुणा : मंजुले, तू बड़ी भाग्यवान है। पूरा दिन देवी के साथ रहती है। पुण्य सलिला मातोश्री की छाया बनकर सेवा करती है।

मंजुला : गतजन्म का मेरा पुण्य होगा, जो इस जन्म में देवी की सेवा का मौका मिला। अरे! मातोश्री आ रही हैं। तू जल्दी जा, पुजारीजी को कहना, मातुश्री दर्शन के लिए पधार रही हैं। *(सगुणा जाती है, अहिल्या प्रवेश करती हैं, हाथ में तुलसी माला)*

अहिल्या : मंजुला, अभी मंदिर नहीं गई। जाओ, पुजारीजी को खबर करो, हम दर्शन करने आ रहे हैं।

मंजुला : जी, जी, अभी सगुणा को भेजा है मातोश्री…

अहिल्या : अच्छा! तो सगुणा भी यहीं थी अभी तक! *(हँसते हुए)* कितनी बार कहा, फालतू गप्पे मत करा करो!

मंजुला : जी नहीं। *(हड़बड़, गड़बड़)* मातोश्री क्षमा करना, वो जरा…सगुणा आपका ही गुणगान कर रही थीं तो मैं भी जरा…

अहिल्या : *(गंभीर-हास्य)* हाँ, पगली कहीं की। अरे, गुणगान करना है तो भगवान् का करो, मनुष्य तो उसके हाथ का खिलौना है। जैसे वह नचाएगा, वैसा जीवन में बर्ताव करना है। अच्छा जा, उदाबाईसाब को बोलना, हम दर्शन करके भोजन-कक्ष में आ रहे हैं। आप भी पधारें *(मंजुला जाती है)*

अहिल्या : गुणगान! इस दुर्देवी अहिल्या का गुणगान, लोग कहते हैं कि अहिल्या देवी है, तुलसीदल समान पवित्र, फिर तुलसी में यह भाँग का पौधा क्यों आया? अपने ही पुत्र को हम सुसंस्कार नहीं दे पाए। ससुरजी, पति इनकी मौत का गम शायद कम था, इसलिए पुत्र भी छोड़ गया और उसके साथ हमारी छोटी-छोटी कच्ची उम्र की दो पुत्रवधू सती हो गईं। हम उनको नहीं रोक

पाए। *(गहरी साँस)* मल्हारी मार्तंड! और क्या-क्या सहना पड़ेगा इस अहिल्या को! कितनी बार विष का घूँट पीकर कर्तव्य का हँसते-हँसते पालन करना पड़ेगा? कितने बार? *(रोती है)*

(उदाबाई प्रवेश करती है, अहिल्या जल्दी-जल्दी आँखें पोंछती हैं)

उदाबाई : भाभी साहब, यह क्या? आपने हमें वचन दिया था कि अब बिल्कुल नहीं रोएँगी और थोड़ा एकांत मिलते ही फिर रोना शुरू?

अहिल्या : जी नहीं, वह तो जरा…।

उदाबाई : भाभी साहेब, आप सबसे छुपा सकती हो, लेकिन अपनी इस ननद से नहीं छुपा सकतीं। याद है, जब हम ससुराल से अपने दुःख समेटकर वापस लौटकर आए थे, तब आप और खंडेराव दादा ने ही हमें धीरज बँधाया था और कहा था कि आज से हमारा रिश्ता ननद-भाभी का नहीं, हम सहेली होकर रहेंगे। सुख-दुःख में साथ देंगे, तब से इस महल में हम एक प्राण दो शरीर जैसे रहे हैं। भाभीजी, हम समझ सकते हैं आपका दुःख। लेकिन आप क्या केवल मालेराव की ही माँ हो? उठिए, हम आपके लिए एक बहुत ही अच्छी खबर लाए हैं।

अहिल्या : *(विषाद भरे स्वर में)* अच्छी खबर, हमारे लिए! क्या हमारे भाग्य में कुछ अच्छा लिखा भी है?

उदाबाई : जाइए, अब हम आपसे बात नहीं करेंगे। हमारे आँसू पोंछकर आपने हमें तो हँसना सिखाया और अब आपको थोड़ा हँसाना चाहते हैं तो…

अहिल्या : अच्छा, लो जी गलती हो गई। अब बताइए। यों भी भोजन में देर हो रही है। मौसीजी राह देख रही होंगी *(मंजुला प्रवेश करती है)*

मंजुला : मातोश्री, कारभारी गंगोबा तात्या आए हैं। आपसे मिलना चाहते हैं।

अहिल्या : गंगोबा तात्या! अभी इस वक्त! अच्छा, उन्हें अंदर भेज दो।

उदाबाई : भाभी साहब, क्षमा करना। लेकिन गंगोबा तात्या जैसे व्यक्ति से सावधान रहना।

(गंगोबा तात्या प्रवेश करते हैं)

तात्या : प्रणाम बाई साहेब। प्रणाम ताई साहेब! *(उदाबाई को)*

अहिल्या : प्रणाम तात्या, आज इस समय?

तात्या : क्या करूँ? आपने तो हमें कंकर जैसा बाहर करके रखा है। नाम के हम कारभारी, लेकिन…

अहिल्या : हमने तो ऐसा कभी नहीं कहा। हाँ, एक बात है, हम स्वयं कारोबार के प्रत्येक कार्य को देख रहे हैं, क्या यह आपको उचित नहीं लगता?

तात्या : जी नहीं, नहीं-नहीं, ऐसी कोई बात नहीं। हम भी दौलत की सेवा करना चाहते हैं। आपका दु:ख दूर हो, कुछ सुख के क्षण आप अनुभव करें, ऐसे काम करने की हम भी चेष्टा करते हैं। जब से आपने पूरा कारोबार हाथ में लिया है, आज प्रथम बार राज्य की कर-वसूली करके अधिकारी आए हैं। मैंने सोचा, राज्य लक्ष्मी तत्काल आपकी सेवा में हाजिर करूँ। आपके आदेशानुसार वसूली हुई। पूरी वसूली आप देखकर प्रसन्न हो जाएँगी।

अहिल्या : धन-दौलत देखकर प्रसन्न होनेवालों में से हम नहीं हैं, तात्या। फिर भी प्रजा के कल्याण के लिए धन आवश्यक है। सभी अधिकारियों से कहो कि भोजन के बाद हम स्वयं सदर पर आकर हिसाब देखेंगे। अभी केवल एक थाल यहाँ लाएँ, हम राज्य-लक्ष्मी का स्वागत करेंगे।

तात्या : जी, जैसी मातोश्री की इच्छा·· *(इशारा करते हैं, सेवक थाल लेकर आता है)* मातोश्री के चरणों में राज्यलक्ष्मी सादर है।

अहिल्या : मंजुला, जरा तुलसी पत्र लाना। आज राज्य-लक्ष्मी हमारे घर आई है। प्रभु को प्रिय तुलसी पत्र से ही उसकी पूजा होनी चाहिए। *(मंजुला तुलसी पत्र लाती है। अहिल्या थाल पर अर्पण करती है, प्रणाम करती हैं। तात्या आश्चर्य, विस्मय, गुस्सा मिश्रित चेहरे से देखता है)*

तात्या : बाई साहेब, ये आप क्या कर रही हैं?

अहिल्या : क्यों, आप नहीं समझे इसका अर्थ! *(तात्या सिर हिलाता है)* समझोगे भी नहीं। इसके लिए प्रबल त्याग भावना मन में आवश्यक है। *(हँसते हुए)* तात्या, इस धनराशि पर तुलसी पत्र रखने से यह पवित्र हो गई। आपने यह हमारे चरणों पर समर्पित की थी और हमने तुलसी पत्र रखा, इसलिए हमारे लिए यह अब प्रभु की हो गई। इसमें से एक मुद्रा भी हमारे स्वयं के खर्च के उपयोग में नहीं आएगी। यह राज्य लक्ष्मी है। प्रजा से कर-भार इसलिए लिया जाता है कि वह प्रजा के कल्याण के लिए काम आए। राजा या अधिकारियों

के उपभोग के लिए नहीं। यह धन राज्य की व्यवस्था, प्रजा हित में ही काम आएगा। यह धन हमारे लिए पवित्र है, लेकिन शिव-निर्माल्य के समान।

उदाबाई : ओ भाभी! भाभीजी, जी चाहता है, नजर उतारूँ आपकी, जान न्योछावर करूँ आप पर।

अहिल्या : ज्यादा प्यार मत करना। हमें सहन नहीं होगा। ले जाइए थाल को। (सेवक को)

तात्या : बाई साहेब, यह सब तो ठीक कहा आपने, लेकिन हम दौलत के पुराने चाकर। हमारा अनुभव हमें चुप नहीं रहने देता। जब से आपने कार्यभार सँभाला है, सब ठीक चल रहा है, फिर भी आपसे कुछ कहना है।

अहिल्या : कहिए और खुले मन से कहिए।

तात्या : वो जरा केवल आप से ही…।

अहिल्या : केवल हमसे। हमारी ननद उदाबाई और हम एक ही हैं, कहिए।

उदाबाई : भाभी साहेब, हम जरा भोजन की व्यवस्था देखकर आते हैं। कल से आपका उपवास है, आपने पानी तक नहीं लिया। थाली व्यवस्थित लगी है कि नहीं, हमें ही देखना पड़ेगा। *(जाती है)*

अहिल्या : कहिए तात्या! पुराने अनुभवों का हम जरूर मुलाहिजा रखेंगे। ऐसी कौन सी बात है, जो आप एकांत में ही कहना चाहते हैं।

तात्या : जी, थोड़ा स्पष्ट क़हना चाहूँगा। माफी हो, आप ज्ञानी हो, धर्मज्ञ हो, उदारमना हो, इसमें तो कोई शक नहीं, लेकिन फिर भी आप नारी जाति… ? दौलत सँभालना,

राजनीति करना एक अलग बात है। सुभेदार के बाद आप धर्मकार्य करें, दानधर्म करें, यही उचित है।

अहिल्या : कहना क्या चाहते हैं आप? क्या हमने कोई अनुचित कार्य किया, क्या प्रजा हमसे असंतुष्ट है? *(या संतुष्ट नहीं)*

तात्या : जी नहीं। ऐसी कोई बात नहीं, लेकिन एक स्त्री स्वयं कारोबार सँभाले, यह आज तक नहीं सुना। हाँ, मातोश्री जीजाबाई ने छत्रपति शिवाजी महाराज से स्वराज्य की स्थापना करवाई थी। श्रीमंत सरकार गोपिका बाई साहेब भी पेशवा सरकार से कार्य करवाती हैं, तो···

अहिल्या : तो क्या आप···आप···कहना क्या चाहते हैं?

तात्या : जी, एक पुत्र भगवान् ने दिया था, दुर्दैव ने उसे छीन लिया। लेकिन आप कोई अच्छा सा लड़का गोद लें और स्वयं भगवान् की पूजा में लगें। दौलत सँभालने के लिए हमारे जैसे सेवक हाजिर हैं।

अहिल्या : अच्छा! तो मैं दत्तक पुत्र लूँ। किसका लड़का गोद लूँ, मैं तात्या?

तात्या : नहीं, उसकी चिंता मत करना। हमने पूरी योजना बना ली है। आप हम पर सब भार सौंपकर निश्चिंत हो जाइए।

अहिल्या : तात्या, पुराने सेवक जानकर अब तक चुपचाप सुन लिया, लेकिन एक बात अच्छी तरह समझ लो, जिन लोगों ने इस राज्य पर शासन किया, उनमें से एक की मैं पुत्रवधू हूँ और दूसरे की पत्नी और तीसरे की माता हूँ। इसलिए हमारा यह अधिकार ही नहीं, कर्तव्य है

कि राज्य का सारा कार्य अपने हाथों में लेकर प्रजा को सुखी करूँ। दत्तक पुत्र लेना है कि नहीं, यह तय करने का अधिकार भी हमारा है। निर्णय लेने के लिए हम समर्थ हैं। इसमें किसी का हस्तक्षेप सहन नहीं किया जाएगा। मंजुला! तात्या को विदाई का बीड़ा देना। *(झटके से अंदर जाती हैं।)*

(मंजुला पान का तबक तात्या के सामने करती है)

तात्या : *(गुस्से में स्वयं से)* विदाई का बीड़ा हमें पेश करोगी? ठीक है। तात्या को अभी पहचाना नहीं। एक दुर्बल औरत और इतना घमंड! एक दिन सारी होलकरशाही भुलाकर रख दूँगा। पूना में राघोबादादा पेशवे को हमने पत्र लिखवाकर बुलाया ही है। अभी जाकर रास्ते में उनसे मिलकर पूरी तैयारी से आऊँगा *(मन में)* आठ दिन में बाई साहेब का नशा नहीं उतारा तो हमारा भी नाम गंगोबा तात्या नहीं।

मंजुला : क्या बोल रहे थे तात्या, कुछ समझ नहीं पाई, लेकिन चेहरे से तो मुझे कुछ षड्यंत्र की झलक दिखाई दे रही थी। बड़ा ही कुटिल स्वभाव है तात्या का! लेकिन अब बाई साहेब के पीछे-पीछे मंदिर जाऊँ या अभी जाकर हरकू मौसी को खबर दूँ *(विचार करती है)* हाँ, अभी जाकर हरकू माँ साहेब को खबर दूँगी, वे ही कुछ करेंगी। *(जाती है)*

□

प्रवेश-8

(अहिल्या और उदाबाई का प्रवेश बैठक कक्ष)

अहिल्या : उदाबाई आज बहुत खिलाया आपने हमें। कर वसूली की सफलता से मन आनंदित हो ही रहा था कि तात्या की बातों ने कड़वाहट पैदा कर दी। फिर भोजन की इच्छा नहीं हो रही थी। लेकिन आप और हरकु माँसाहेब की प्यार भरी बातों ने सब गम भुला दिया। सच, बहुत दिनों के बाद आज प्रसन्नता से भोजन हुआ।

उदाबाई : भोजन प्रसन्नता से हुआ! द्वार पर राज्यलक्ष्मी आई और अब एक और लक्ष्मी आनेवाली है।

अहिल्या : एक और लक्ष्मी? बताओ तो कौन आ रहा है?

उदाबाई : वह जो आपको जान से भी प्यारी है।

अहिल्या : सो तो आप ही हो। हमारी प्यारी-प्यारी ननद।

उदाबाई : हाँ-हाँ...बस। इन्हीं मीठी-मीठी बातों से तो सबका दिल जीत लेती हो, भाभी साहब। अच्छा सोचो तो कौन आ रहा होगा!

अहिल्या : आज हुआ क्या है आपको? आते से ही कह रही थी कि एक अच्छी खबर लाई हूँ, वह भी अभी तक नहीं

बताई। फिर कह रही हो, कोई आ रहा है। वह भी नहीं बता रही। वैसे आज मुक्ता बहुत याद आ रही है, सुबह से···

उदाबाई : याद आ रही है न? बस इसलिए मुक्ता आज अभी आ रही है। सुबह ही संदेशा आया है। बस अब पहुँचने में ही है।

अहिल्या : सच! *(आश्चर्य से)* मुक्ता आ रही है, हमारी बेटी! कितने दिनों से उसे हमने देखा ही नहीं। मालेराव की मृत्यु के बाद आज पहली बार आ रही है, हमारी बेटी···न जाने क्यों! इतने दिन मिलने भी नहीं आई।

उदाबाई : भाभीजी, अब शंका-कुशंका मत करो। वह आ रही है तो सब मालूम हो जाएगा। मुक्ता कोई ऐसे-वैसे घर में थोड़ी ब्याही है, सरदार यशवंतराव फणसे ने उसे घोषणापूर्वक जीता है।

अहिल्या : हाँ, आज भी वह प्रसंग आँखों के सामने आता है, बड़े सुभेदार की मृत्यु के पश्चात् राज्य में चोर-डाकुओं का आंतक शुरू हुआ था। तब हमने दरबार का आयोजन करके उसमें घोषणा की थी कि जो वीर राज्य से चोर-डाकुओं का आतंक समाप्त करेगा, उसे हमारी प्राणों से भी प्रिय बेटी मुक्ता को हम देंगे। विवाह कर देंगे और यशवंतराव फणसे ने दरबार में प्रतिज्ञा की और अपनी वीरता से सफलता भी पाई। बड़ी भागवान है हमारी मुक्ता, जो यशंवतराव जैसा तेजस्वी पति मिला।

उदाबाई : हमारी मुक्ता भी गुणवती, शीलवती है। आखिर है तो आपकी ही बेटी!

अहिल्या : बस-बस···स्तुति बंद। कब आ रही है मुक्ता?

उदाबाई : अब तक तो उसे पहुँच जाना चाहिए था। *(मंजुला दौड़ते हुए आती है)*

मंजुला : *(मुजरा)* ताई महाराज आ गए। ताई महाराज आ गए!

अहिल्या : मंजुला जल्दी जा। जल उतार दो हमारी बेटी पर से *(मंजुला जाती है व मुक्ता आती है। आते ही उदाबाई को प्रणाम कर माँ के गले मिल जाती है)*

मुक्ता : माँ···माँ···आईसाहब, यह क्या हो गया माँ?

अहिल्या : बेटी, होनी को कौन टाल सकता है बस, बस कर, रो मत।

उदाबाई : मुक्ता बेटी, कितने दिनों के बाद आ रही हो। हमें बडी चिंता लग रही थी। लेकिन अब समझ गई कि तुम क्यों नहीं आई। सरदार यशवंतराव फणसे का दीपक जो··· *(मुक्ता शरमाती है)*

अहिल्या : देखूँ-देखूँ! हमारी राजस राजकुमारी···

मुक्ता : ओ माँ *(अहिल्याबाई के हाथों में मुँह छिपाती है)*

अहिल्या : सच! आज का दिन बड़े भाग्य का है। हमें तो अभी वही गोद में खेलने वाली मुक्ता ही याद आ रही है।

उदाबाई : अब आपकी गोद में खेलने वाली की गोद में खेलेगा, एक प्यारा, प्यारा मुन्ना राजा।

मुक्ता : चलो। हम नहीं बात करते। *(मंजुला आती है)*

मंजुला : मातोश्री हरकु मौसी साहब पधार रही हैं।

अहिल्या : मौसी साहब! *(आश्चर्य से)* अभी थोड़ी देर पहले ही तो हम सब ने साथ-साथ भोजन किया। *(हरकुबाई का प्रवेश)*

हरकुँवर : काम ही कुछ ऐसा आया अहिल्या कि तुरंत आना पड़ा। अरे बेटी मुक्ता, तुम कब आई? *(मुक्ता प्रणाम*

करती है) सदा सुहागन रहो। कैसी हो बेटी? बहुत दिनों बाद देखा तुम्हें। अरे अहिल्या! हमारी बूढ़ी आँखें सही बात देख रही हैं न?

अहिल्या : हाँ माँजी! मुक्ता माँ बनने वाली है। आप कुछ कहने आई थीं?

हरकुँवर : हाँ-हाँ! अरे बेटी! मुक्ता थक गई होगी। तुम जाओ मंजुला के साथ। अंदर थोड़ा दूध फलाहार करना। फिर हम सब मंदिर दर्शन करने जाएँगे। जा बेटी मुक्ता··· *(उदाबाई और मुक्ता जाने लगती है)* उदाबाई आप यहीं रुकना। *(मुक्ता और मंजुला जाती हैं)* अहिल्या! क्यों गंगोबा तात्या नाराज होकर यहाँ से गए हैं?

अहिल्या : दौलत की तरफ आँख उठाकर देखने वालों की क्या हम खुशामद करें, मौसीजी!

हरकुँवर : नहीं बेटी, हमारा यह मतलब नहीं था। मंजुला कह रही थी कि यहाँ से जाते समय गंगोबा राघोभरारी का कुछ नाम बुदबुदा रहे थे। वैसे कई दिनों से हमारे मन में शक था। गंगोबा पूना के राघोबादादा पेशवे से मिलकर कुछ षड्यंत्र कर रहे हैं। दोनों ओर से खलिते आ जा रहे थे। हमारे जासूस बराबर उनके पीछे गए हुए थे। आज तो शक यकीन में बदल गया।

अहिल्या : मौसीजी, आप हम से कुछ ज्यादा ही प्रेम करती हैं। इसलिए हर व्यक्ति को शंका की नजर से देखती हैं। हम जानते हैं, गंगोबा कारस्तानी है, लेकिन राघोबा दादा तो पेशवा हैं। एक मामूली दिवान के साथ हमारे विरोध में कारस्तानी कैसे करेंगे?

हरकुँवर : अहिल्ये, तू तो देवी है। तुम्हारी नजर ही पवित्र है। हृदय स्नेह से भरा है, इसलिए सब को पवित्र नजर से ही देखती है। तुम तो हमें, सुभेदार की खांडारानी को भी सास का सम्मान दे रही हो।

अहिल्या : मौसीजी, यह आप क्या कह रही हो? बड़े सुभेदार से विवाह सूत्र में भले ही न बँधी हो, लेकिन जिस निष्ठा से, प्रेम से, समर्पण से आपने बड़े सुभेदार की सेवा की है, उससे हमारे हृदय में आपका स्थान हमेशा ऊँचा रहा है और फिर हमारी गौतमा सासूमाँ भी आपको बहन मानती थी। हमें हमेशा कहा करती थी। हम आपका भी उतना सम्मान करें, जितना की उनका स्वयं का।

हरकुँवर : हाँ बेटी, मालूम है। बड़े सुभेदार की मृत्यु के पश्चात् हम आपसे विदा लेने आए थे, तब यही कहकर आपने हमें रोका और तब से इस राज्य में हमें उतना ही सम्मान मिलता है, जितना की गौतमाबाई को मिलता था। अहिल्ये! तुम्हारा यही स्नेह हमें यहाँ बाँधे रखता है। हमने प्रण किया है कि आँख की ज्योति के समान हम तुम्हारी रक्षा करेंगे। तुम्हारे हर कार्य में जी जान से मदद करेंगे। इसलिए सतत जाग्रत् रहकर चारों ओर की घटनाओं पर हम निगरानी रखती हैं। अपने विश्वास के लोगों का जाल फैलाकर रखा है हमने और उन्हीं से अभी-अभी मालूम पड़ा है कि गंगोबा ने राघोबादादा को यहाँ बुलाया है।

अहिल्या : क्या कहा? गंगोबा तात्या ने पत्र भेजकर राघोबादादा को यहाँ बुलाया है?

हरकुँवर : इतना ही नहीं, अभी शिवाजी गोपाल आए थे और बता गए हैं कि राघोबादादा भेलसा होते हुए उज्जैनी की तरफ आ रहे हैं।

अहिल्या : मौसीजी, पेशवा तो अपने मालिक हैं, सरकार हैं। उनका स्वागत तो हमें वंदनवार लगाकर करना चाहिए।

हरकुँवर : हाँ–हाँ जरूर, लेकिन अगर पेशवा अतिथि बनकर आए तो! लेकिन हमलावर बन राज्य छीनने आएँ तो?

अहिल्या : क्या कहा? पूरी बात बताओ, मौसीजी।

उदाबाई : हरकुँवर मौसी, हमने पहले ही भाभीजी को चेतावनी दे दी थी। हमें भी यही आशंका थी।

हरकुँवर : गंगोबा तात्या ने राघोबादादा को पत्र लिखा था कि मालवा अनाथ हो गया है। राज्य स्वामीहीन है। अहिल्याबाई एक अबला, उस पर वह पुत्र शोक में डूबी हुई। आप तुरंत आओ और राज्य सँभालो, अच्छा मौका है।

अहिल्या : उसकी यह हिम्मत!

उदाबाई : तात्या की योजना थी, किसी बालक को आप गोद लें और सब अधिकार उन्हें सौंप दें। अगर ऐसा नहीं हुआ तो राधोबादादा की मदद लेकर राज्य पर अधिकार करना चाहते हैं।

हरकुँवर : आपने दत्तक लेने बाबत गंगोबा को फटकार दी और अभी शिवाजी गोपाल ने खबर दी है कि यहाँ से नाराज होकर गंगोबा उज्जैनी की तरफ राघोबादादा से मिलने रवाना हो गए। बाई! अब हमें सावधानी से काम लेना होगा। स्त्री का दमखम भी पेशवा को पता चलना चाहिए।

अहिल्या : तात्या इतनी नीचता पर उतरेंगे, सोचा भी नहीं था। और राघोबादादा ने उनकी बात कैसे मान ली। आज तक हमने पेशवा की सुभेदारी के प्रति ईमानदारी निभाई, लेकिन उसका नतीजा यही निकलता है तो हम भी पीछे नहीं रहेंगे।

हरकुँवर : हमारी तरफ से लड़ाई की पूरी व्यवस्था करनी चाहिए। यह भी सोचो कि ऐसे समय कौन–कौन सरदार हमारा साथ देंगे।

उदाबाई : हाँ भाभीजी, आप हमें आज्ञा दो। हम अभी सभी दूर खलिते भेजने की व्यवस्था करते हैं। समझते क्या हैं राघोबादादा अपने आपको ?

अहिल्या : उदाबाई साहेब! अभी दफ्तर से दो विश्वासपात्र लेखनीक बुलाकर भोंसले, दाभाडे, गायकवाड, शिंदे सभी दूर जासूसों के हाथ संदेशा रवाना करो। इतना ही नहीं, खुद माधवराव पेशवे पूना को भी हमारा अलग से पत्र जाएगा। मुझे पूरा विश्वास है, वहाँ हमें निश्चित न्याय मिलेगा।

हरकुँवर : गंगोबा तो ऐसी चाल चल रहा है, जैसे हमें दाने–दाने के लिए मोहताज बनाकर छोड़ेगा।

अहिल्या : यह वैभव हमारे पुरखों ने हँसी–मजाक में या नाच–गाकर प्राप्त नहीं किया है, जो उनकी चाल सफल हो। बड़े सुभेदार ने अपना खून–पसीना एक करके तलवार के बल पर राज्य स्थापित किया है। कोई यह न समझे कि हम एक अबला हैं कि मैं दुर्बल, बेबस नारी हूँ। हाथ में भाला लेकर रणभूमि में अड़ जाऊँगी तो सबके छक्के छुड़ा दूँगी। सब योजना धरी की धरी रह जाएगी।

उदाबाई : भाभी, दुर्गा भवानी समान आप अग्रणी रहें तो एक विशाल स्त्री सेना आपके पीछे समर्पण के लिए तैयार खड़ी रहेगी।

हरकुँवर : होलकरों की पुण्यायी आपके साथ है! अहिल्याबाई ईश्वर तुम्हारी मनोकामना पूर्ण करें। चलो, संध्या समय आरती के लिए मंदिर में जाना है। *(जाती हैं)*

अहिल्या : मंजुला शीघ्र तुकोजी को बुला लाओ *(मंजुला जाती है)*

उदाबाई : भाभी साहेब, अब आज्ञा दीजिए। सभी राज्यों को भेजने के पत्र का मजमून तैयार करवाकर ,आपको प्रस्तुत करूँगी।

अहिल्या : उदाबाई, आप सब राज्य का और हमारा इतना खयाल रखती हो, साया बनकर साथ रहती हो, तभी तो हमारी भी हिम्मत बढ़ती है। सचमुच आप जैसी ननद और हरकुँवर मौसी जैसी सास का संबल है जिसकी मदद से हम इस विकट परिस्थिति का सहज सामना करेगी। *(उदाबाई जाती है। तुकोजी का प्रवेश)*

तुकोजी : *(मुजरा)* आपकी सूचना मिलते ही दौड़कर आया हूँ। फौज पूरी तैयारी में है।

अहिल्या : आप से यही उम्मीद है। अब मुझे चिंता नहीं। आपको खबर लग ही गई होगी कि गंगोबा तात्या राघोबादादा से मिल गए हैं और दोनों मिलकर राज्य हड़पना चाहते हैं। राघोबादादा उज्जैनी की ओर निकल पड़े हैं।

तुकोजी : किसकी हिम्मत है, जो आँख उठाकर आपके या राज्य की तरफ देखे। आँखें फोड़ दी जाएँगी।

अहिल्या : तुकोजीराव, हमने दाभाडे, शिंदे, भोसले, गायकवाड़

सभी को खलिते रवाना करने की व्यवस्था की है। कुछ ही दिन पहले हमने स्वयं शस्त्रागार और बारूद-भंडार देखा है। सेना को तैयार रहने का आदेश दो। अब कभी भी पेशवा का स्वागत करने को हमें तैयार रहना है। बुरे वक्त में हम स्वयं लड़ाई के मैदान में जाएँगे।

तुकोजी : बाई साहेब! यह आप क्या कह रही हैं। इस तुकोजी के रहते आप क्यों तकलीफ करेंगी। जब तक जान में जान है, आपका और इस राज्य का एक बाल भी बाँका नहीं होने देंगे।

अहिल्या : तुकोजी, सेना लेकर आप तुरंत क्षिप्रा के इस पार पहुँचना। राघोबा को संदेश पहुँचाना, कहना—मुझे अबला समझा है, परंतु मैं अबला हूँ या सबला, इसका पता रणक्षेत्र में चलेगा। हम हार भी गए तो कोई हमारी हँसी नहीं उड़ाएगा। लेकिन एक स्त्री से आप हार गए तो मुँह दिखाने के काबिल नहीं रहोगे। तुम्हारी सेना अगर क्षिप्रा के इस पार कदम भी रखने का विचार करेगी तो हमारी तलवार चलेगी, यह ध्यान में रखकर ही कदम आगे बढ़ाना।

तुकोजी : आईसाहेब, बिल्कुल यही संदेशा दे दूँगा राघोबा को। ऐसा सबक सिखाएँगे कि जिंदगी भर वो तो याद रखेंगे ही, जमाना भी याद रखेगा। आप आशीर्वाद दीजिए।

अहिल्या : विजयी भव! *(परदा गिरता है)*

□

प्रवेश-9

[राघोबा की छावनी, राघोबादादा बैठे हैं, सेवक का प्रवेश]

राघोबा : गंगोबा तात्या की सलाह मानकर हम क्षिप्रा के इस पार तक तो आ ही गए हैं, बस अब थोड़ी ही देर बाद मालवा का यह संपन्न प्रदेश हमारी मुट्ठी में होगा। फिर पूना में माधव को भी पता चलेगा कि राघोभरारी क्या चीज है। लेकिन जब से यहाँ आया हूँ, रास्ते में जगह-जगह प्रजा अहिल्याबाई का गुणगान ही गा रही थी। आज सुबह से क्षिप्रा पार सेना की हलचल भी दिखाई दे रही है। समझ में नहीं आता, क्या होनेवाला है। *(सेवक का प्रवेश)*

सेवक : सरकार-सरकार! नदी के उस पार तुकोजीराव अपनी चतुरंग सेना लेकर डेरे दाखिल हुआ है।

राघोबा : सेना लेकर, यह कैसे हो सकता है? हमारी फौज ने तो अभी क्षिप्रा ही पार नहीं की और होलकरों की फौज रास्ता रोकने तैयार खड़ी है। गंगोबा तात्या ने तो कहा था कि इंदौर की स्थिति लावारिसों जैसी है। बाई महेश्वर में दान-पुण्य में लगी है। बाई आपसे क्या लड़ेगी? वह तो आपके चरणों में लेटकर दया

की भीख माँगेगी। लेकिन यह तो उल्टा ही हो रहा है।

सेवक : सरकार, सुना है, मातुश्री के भाई महादजी भी मदद के लिए पहुँच रहे हैं। *(दूसरा सेवक आता है)*

दूसरा सेवक : सरकार! अभी-अभी खबर मिली है कि दाभाड़े, गायकवाड़, शिंदे, भोंसले, सभी बाई के साथ हैं और मदद के लिए कूच कर गए हैं, शीघ्र ही पहुँचने वाले हैं।

राघोबा : क्या कहा? सभी सरदार बाई के साथ! लेकिन इतनी शीघ्रता से, बाई ने इतना समर्थन जुटाया कैसे?

प्रथम सेवक : सरकार, मातुश्री असामान्य हैं, उनकी प्रजा का एक-एक व्यक्ति उनके लिए सर हथेली पर लेकर मरने को तैयार है। बाई के जासूस चपल गति, ईमानदार और साहसी हैं। पलक झपकते ही एक जगह से दूसरी जगह पहुँच जाते हैं।

दूसरा सेवक : हाँ सरकार! बाई विचारी और दूर का सोचने वाली हैं। सुना है, बाई ने आपके हेतु की शंका का मन में निर्माण होते ही पूना में माधवराव पेशवा को पत्र लिखा था।

राघोबा : क्या कहा? श्रीमंत पेशवे को हमारे बारे में पत्र लिखा।

दूसरा सेवक : हाँ सरकार, और सुना है, उसका जवाब भी आ गया है।

राघोबा : जवाब आ गया! क्या-क्या लिखा है माधव ने।

सेवक : श्रीमंत ने बाई को ही पूरा समर्थन दिया है।

राघोबा : क्या श्रीमंत का समर्थन भी बाई को। सभी सरदार भी बाई की तरफ। इधर महादजी शिंदे ने हमें पहले ही

जवाब दे दिया कि ऐसे काम में हमारा सहयोग कदापि नहीं मिलेगा। अब अगर जीत भी होती है तो प्रतिष्ठा गिरेगी और हार गए तो···काला मुँह लेकर कहीं डूब मरना पड़ेगा। क्या करें! कुछ समझ में नहीं आता।

सेवक : *(प्रवेश)* सरकार, तुकोजीराव होलकर मिलने आए हैं।

राघोबा : तुकोजीराव होलकर! उन्हें अंदर भेज दो *(सेवक जाता है)*

राघोबा : सोचता हूँ, लड़ाई की बात ही न निकाली जाए। उल्टे सुभेदार और पेशवा के संबंध ध्यान में रखते हुए मालेरावजी के निधन पर दुःख व्यक्त करने आए हैं। ऐसा कहना ठीक रहेगा। *(तुकोजी का प्रवेश)* आइए, आइए तुकोजीराव! बड़े दुःख से आपको मिलने आए हैं।

तुकोजी : जी, मैं समझा नहीं।

राघोबा : मालेरावजी के दुःखद निधन का समाचार प्राप्त हुआ। पति, ससुर, पुत्र लगातार तीनों की मृत्यु का दुःख अहिल्याबाई कैसे सहन कर रही होंगी। सचमुच बाई का धैर्य अतुलनीय है। हम उन्हीं की सांत्वना के लिए आए हैं।

तुकोजी : अच्छा! तो आप सांत्वना के लिए आए हैं, तो आपका स्वागत है, लेकिन सांत्वना के लिए इतनी फौज लेकर आना कुछ अटपटा सा लगता है।

राघोबा : अरे, अरे! तुकोजीराव, हम ठहरे सैनिक प्रवृत्ति के सिपाही, हमेशा सेना को साथ में रखते हैं। तभी तो अटक तक झंडा लहराया था।

तुकोजी : सो तो हमें मालूम है, लेकिन हमारी मातोश्री की कीर्तिध्वज तो दश-दिशाओं में फहरा रही है। आईसाहेब, जितनी धर्मनिष्ठ, स्नेहमयी माँ हैं, रणांगण में उतनी ही कर्मठ, पराक्रमी, दृढ निश्चयी, रणचंडी भी हैं।

राघोबा : जी हाँ, जी हाँ, हमने भी खूब तारीफ सुनी है बाईसाहेब की। हम भी दर्शन करना चाहेंगे। इतनी कर्तृव्यवान स्त्री को इतने दुःख झेलने पड़ रहे हैं, बड़ा दुःख होता है, इसलिए मातमपोशी के लिए हम स्वयं आए हैं।

तुकोजी : तो सेना यहीं रखकर आप निश्िंचतता से चलिए। मातोश्री प्रसन्न हो जाएँगी आप से मिलकर।

राघोबा : क्यों नहीं, क्यों नहीं! चलिए। *(जाते हैं)*

(थोड़ी देर बाद आनंदीबाई का प्रवेश)

आनंदी : रखमा, ओ रखमा! सरस्वती, अरे ओ सरस्वती! कहाँ चली गईं सब, अरे सरस्वती!

सरस्वती : आई वहिनी साहेब।

आनंदी : क्यों रे! क्या कर रही थी? कहाँ गई थी? संध्या का समय होने आया, अभी तक दीप भी नहीं जलाए। कब से आवाज दे रही हूँ। गला सूख गया।

सरस्वती : बाई साहेब, जरा वो···थोड़ी बात कर रही थी। क्षमा कीजिए, आपकी कोमल आवाज को तकलीफ हो गई। मैं अभी शरबत लेकर आती हूँ।

आनंदी : रहने दो शरबत। पहले यह बता, आज शाम मेरे प्रसाधन का सामान किसने सजाया?

सरस्वती : कुछ गलती हुई थी क्या? बाई साहेब, वो जरा मनोरमा को बताया था मैंने।

आनंदी : गलती! संध्या को मैं कभी मोतियों के अलंकार पहनती हूँ क्या? अरे, संध्या के समय मैं हमेशा स्वर्णालंकार ही पहनती हूँ···तुम्हें मालूम है, मुझे प्रसाधन में कमी या गलती बिल्कुल नहीं चलती और मनोरमा क्यों, तू कहाँ चली गई थी?

सरस्वती : जी···जी *(मनोरमा प्रवेश करती है)*

आनंदी : मनोरमा तू कहाँ चली गई थी?

मनोरमा : *(प्रवेश) (मुजरा)* बाई साहेब! यहाँ पर मेरी दूर के रिश्ते की एक बहन रहती है। वह मिलने आई थी, बता रही थी, कभी-कभी वह भी जाती है मातोश्री के यहाँ काम करने, दर्शन भी हो जाते हैं, वही आई थी।

आनंदी : मातोश्री कौन? वो धनगर की बहू हैं···

मनोरमा : जी बाई साहेब। वो बता रही थी अहिल्याबाई बड़ी धर्मज्ञ हैं, पुण्य सलिला हैं।

आनंदी : होगी धर्मज्ञ। पति खोया, बेटा खोया, अब रामनाम नहीं जपेगी तो और क्या कर सकती है।

मनोरमा : बाई साहेब, सुना है अहिल्याबाई की आँखें दीप ज्योति जैसी सात्त्विक तेज सी चमकती हैं और चेहरे पर दैवी तेज है। साँवली कांति, छोटी सी मूर्ति, लेकिन देखते ही चरण छूने को जी करता है।

आनंदी : बस, बस, बहुत हो गया। चरण छूने को दिल करता है। जाओ! जाओ *(मनोरमा जाती है)*

आनंदी : *(स्वगत)* अहिल्या, अहिल्या, धर्मशील अहिल्या! सत्यशील अहिल्या, कान पक गए हैं सुनते-सुनते। जब से मालवा में कदम रखा है, बस एक ही नाम

अहिल्या। अलौकिक व्यक्तित्व, सात्त्विक सौंदर्य··· इस आंनदी के व्यक्तित्व और सौंदर्य के सामने यह मालवा के सुभेदार की बहू नजर उठाकर बात भी नहीं कर पाएगी। पूना में नाना फड़नवीस जैसे भले-भले लोगों को भी इस आनंदी के व्यक्तित्व और चातुर्य के सामने झुकना पड़ता है। पूना में इस आनंदी के व्यक्तित्व और सौंदर्य का ही बोलबाला है। लेकिन इस मालवा में तो उल्टी ही गंगा बहती है। यहाँ रूप, सौंदर्य, वैभव की जैसे कोई कीमत ही नहीं है। *(कुछ याद करते हुए)* अहिल्याबाई को मिलने श्रीमंत सुबह से तुकोजीराव के साथ गए हैं। अभी तक लौटकर नहीं आए हैं। *(आवाज लगाती है)*

आनंदी : सरस्वती कहाँ गई थी?

सरस्वती : यहीं तो थी वहिनी साहब, न जाने आप कुछ सोच रही थीं।

आनंदी : बस-बस, यह बता सुबह से श्रीमंत अहिल्याबाई को मिलने गए हैं, शाम होने आई, अभी तक लौट के नहीं आए।

सरस्वती : जी, सरकार तुकोजीराव के साथ देवी को सांत्वना देने गए हैं। बस आते ही होंगे, बाई साहेब। आपके लिए थोड़ा दूध ले आऊँ?

आनंदी : रहने दो, जरा वो मेरी जरी की शॉल तो लाना। यहाँ की हवा में बड़ी सुखद ठंड है। *(सरस्वती जाती है)*

आनंदी : कितने मंसूबे लेकर आए थे मालवा जीतने के और अचानक मेरे पराक्रमी पति को यह क्या हो गया कि मातमपोशी के लिए अकेले ही चले गए। अहिल्याबाई

ने सेना लाकर खड़ी कर दी तो क्या हो गया। अटक पार झंडा लगाने वाले इतनी सी बात पर चुप बैठ गए। हूँ··· *(सरस्वती शॉल लाकर देती है) (राघोबा नीचे मुँह करके प्रवेश)*

आनंदी : *(शॉल ओढ़ते हुए)* बहुत देर कर दी। कब से इंतजार कर रहे थे हम।

राधोबा : असामान्य! अलौकिक, आज तक ऐसी स्त्री न देखी न सुनी।

आनंदी : हे भगवान्! लगता है, आप पर भी जादू कर दिया, उस सुभेदार की बहू ने।

राधोबा : आपने देखा नहीं उनको। *(आश्चर्य से)* उनका प्रजा पर क्या प्रभाव है। उनके एक इशारे पर सभी सरदार, सुभेदार उनकी मदद के लिए हाजिर हो गए। आज जब हम उनसे मिलने गए तो देखा, चारों दिशाओं से सेना वहाँ एकत्र है। विजय का आनंद मना रहे हैं। आज तक हम देखते आए हैं कि विजयोत्सव के समय सेनाएँ लूट-पाट करती हैं। बख्शीस माँगती हैं, लेकिन सैनिक यहाँ देवी पर इतनी निष्ठा रखते हैं, प्रेम करते हैं। सेना अपनी राजनिष्ठा से भूखे पेट भी राजा को अजिंक्य बनाती है। यह हमने शिवा छत्रपति के बारे में सुना था। लेकिन आज इस बात का यकीन हो गया।

आनंदी : ओऽऽऽ होऽऽ। अब बस भी करो उनकी तारीफ, आप के इसी भोलेपन के कारण पेशवाई गई और अब यहाँ भी सब प्रकार से मात खाएँगे। कितने मनसूबे लेकर मालवा में आए थे। सोचा था, मालवा की दौलत

हथियाकर पूना में माधवराव को शह देंगे। लेकिन रास्ते में गोहद का पराभव और अब यह शरणागति। पूना पहुँचकर माधव जवाब माँगेगे तो?

राघोबा : तो आपको जवाब नहीं देना पड़ेगा। यहाँ आकर हमने मालवा की समृद्धि देखी। अहिल्याबाई का प्रजा के प्रति प्रेम देखा। राजनिष्ठा क्या होती—यह जाना।

आनंदी : बस-बस! यह वही अहिल्या हैं न? जिन्होंने सती के पहने वस्त्र उतार दिए और अब बड़ी धर्मनिष्ठ और दानी बन रही हैं। हमें स्वयं भी उनसे मिलना पड़ेगा। देखें तो! यह होलकरों की बहू हमारे सौंदर्य के सामने कैसे टिकती है?

राघोबा : जहाँ तक रूप-सौंदर्य का प्रश्न हैं तो निश्चित ही तुम अधिक सुंदर हो। लेकिन उनके चेहरे पर पवित्रता का जो तेज है, वह देखने वाले की नजर को अपने आप झुका देता है।

आनंदी : ठीक है, ठीक है। हम कल ही मातमपुरसी के बहाने जाएँगे और देख आएँगे सुभेदार की बहू को। यह आनंदी होलकर की बहू से पराजित नहीं होगी। सरस्वती, ओ सरस्वती! जामदार खाने से अलंकारों का संदूक और भारी वस्त्र निकालकर रखना। हमें होलकरों की बहू से मिलने जाना है।

राघोबा : आनंदी, मातमपुरसी के लिए जाते समय अलंकार और भारी वस्त्रों की क्या आवश्यकता है?

आनंदी : जब से मालवा में कदम रखा है, अहिल्या का ही गुणगान सुन रहे हैं। पराक्रमी और मुत्सद्दी पेशवा, मालवा प्रजा को मानो नगण्य लग रहे हैं। उन्हें भी

पेशवा का रुआव और वैभव बताना पड़ेगा। मेरी नथनी का केवल एक हीरा ही पूरे मालवा को मोल ले सकता है। हम पेशवा हैं और वह हमारे सुभेदार, यह अंतर तो उन्हें जताना ही पड़ेगा।

राघोबा : आप नहीं समझेंगी, सात्त्विकता क्या होती है। आप के वैभव प्रदर्शन का प्रभाव मातोश्री पर नहीं पड़ सकता। वे अत्यंत निर्मोही हैं।

आनंदी : अब बस भी करो। मेरा भी नाम आनंदीबाई है। देखना, स्वर्णाक्षरों में लिखा जाएगा मेरा नाम।

राघोबा : हाँ, स्वर्णाक्षरों में या काजल की कालिख से, यह तो आनेवाला कल ही जाने।

आनंदी : हूँऽऽ *(कहते हुए घमंड से जाती है)*

□

प्रवेश-10

[बैठक कक्ष—मुक्ता और उदाबाई बात कर रही हैं, मुक्ता फूलों का हार बना रही है]

उदाबाई : मुक्ता बड़ी तन्मयता से हार बना रही हो, कहीं जँवाई बाबू तो नहीं आनेवाले!

मुक्ता : बुआजी, बार-बार चिढ़ाओगी तो हम नहीं बोलेंगे, कितनी बार कहा कि शंभू महादेव के लिए बना रही हूँ।

उदाबाई : सो तो ठीक! लेकिन फूल हाथ में लेकर मन-ही-मन में हँसना बार-बार फूल चुनना, फिर नीचे रखना क्या-क्या रास रचा रही हो, जैसे मन में अं-अं क्या सोच रही हो?

मुक्ता : बुआजी, सच बताओ, जब माँ साहब ने भरे दरबार में घोषणा की थी मेरे विवाह के प्रण की, डाकुओं के नि:पात की, तब आपको कैसा लगा था?

उदाबाई : मैं तो जरा डर ही गई थी।

मुक्ता : क्यों? कोई वीर नहीं मिलेगा और मेरा विवाह ही नहीं होगा, ऐसा लगा था?

उदाबाई : नहीं-नहीं, मालवा में वीरों की कमी नहीं, लेकिन मन

में थोड़ी शंका आई; कोई भेंगा, धटींगण, बड़ी मूँछ वालों ने प्रण जीता तो क्या करेंगे, वैसे यशवंत राव ठीक-ठाक ही हैं।

मुक्ता : जाओ, हम नहीं बोलेंगे, फिर शुरू हो गईं आप।

उदाबाई : अच्छा छोड़ो! आप बताओ, आप क्या सोच रही हो?

मुक्ता : मैंने तो इन्हें देखा और मेरा तो विश्वास हो गया कि ये जरूर प्रण जीतेंगे, लेकिन बुआजी, मैं तो माँ के बारे में सोच रही हूँ। कमाल की सोच है उनकी, सबको अपना मानती हैं, दूर की सोचती हैं।

उदाबाई : यानी? कब की बात कर रही है? वो तो हमेशा ही सबको अपना मानकर ही काम करती हैं, तुमने अब समझा। हाँ-हाँ, अब आप भी माँ बनने वाली हो, इसलिए माँ की महत्ता याद आ रही है न?

मुक्ता : बुआजी, मगर हाँ! थोड़ा-थोड़ा ऐसा ही समझो। बुआजी···, आपको मालूम है, जब भीलों ने पहाड़ में बहुत उत्पात मचाया था, तब उनको पकड़कर माँ साहब के सामने खड़ा किया गया, सबको लगा, अब भीलों को कड़ी-से-कड़ी सजा सुनाई जाएगी, तोप के मुँह में या कारावास में न जाने क्या-क्या?

उदाबाई : हाँ-हाँ! सब तटस्थ चुपचाप देख रहे थे दरबार में! वास्तव में भीलों ने भारी दंगा मचाया था, लूटमार, आते-जाते यात्रियों की जान लेना, लूटना, बड़ी मुश्किल हो रही थी। व्यापार उदीम ठप होने का डर लगने लगा। भीलों का पारिपत्य जरूरी हो गया था।

मुक्ता : वही तो! लेकिन माँ ने भीलों के नायक से पूछा क्यों करते हो लूटपाट? कुछ काम क्यों नहीं करते?

क्या यह लूटना, मारना शोभा देता है? तब नायक ने साहस जुटाकर कहा था—क्या करें, बच्चे भूखे रहते हैं, जंगल में पीने का पानी तक नहीं है, न खेती की सुविधा, जंगल के फल तोड़ने का भी हमें अधिकार नहीं। तुरंत कमाविसदार, रक्षक पहुँच जाते हैं, मारकाट के हमारा सब ले जाते हैं, हम भी कैसे करें बाई साहेब। आप हमारे माय-बाप हो, सजा दो या न्याय।

उदाबाई : हाँ, भीलों की बातें सुनकर अहिल्या की आँखों में आँसू थे। तुरंत आज्ञा दी, जंगलों में कुएँ, बावड़ियों की व्यवस्था करें, भीलों के लिए मकान, वस्त्र, कुछ दिन के लिए धान्य की व्यवस्था करो। हमारे राज्य में न कोई भूखा सोए और भूख के कारण कोई गलत रास्ते पर न जाए। अगर प्रजा भूख से तड़पे तो दोष राजा को जाता है।

मुक्ता : हाँ, यही कहा था माँ ने और भीलों के नायक से कहा था, देखो—मैं सब व्यवस्था दूँगी, पानी के लिए कुएँ, बावड़ी, नाला बंधान करेंगे। आप मेहनत करो, खेती करो, जंगल की उपज पर तुम्हें अधिकार दूँगी, लेकिन हमारी व्यवस्था के अनुसार हो और एक, जंगल से पहाड़ के रास्ते आने-जानेवाले व्यापारी, प्रवासी उनकी सुरक्षा का जिम्मा तुम्हारा। उसके लिए 'एक कौड़ी' प्रत्येकी वसूलना, इससे ज्यादा नहीं, उसे 'भील कवड़ी' कहेंगे। लेकिन अगर लूटपाट होती है, तो उस क्षेत्र के लोगों की जिम्मेदारी मानी जाएगी, दंड भरना पड़ेगा, नुकसान भरपाई देना पड़ेगी। मैं तो

देखती ही रह गई—अरे! यह तो मेरी ही माँ नहीं, सारी प्रजा की माँ हैं। इतना सोचती हैं। भील तो पैरों पर गिरकर रोए माँ साहब के, मगर पूरा दरबार जैसे वाह-वाह कर उठा। सोच रही थी, यह विशाल मातृत्व एक-एक व्यक्ति को समझाकर, जोड़कर मालवा की सुख-समृद्धि की माला बनाई है मेरी माँ ने।

उदाबाई : मुक्ता बेटी, सही सोच रही हो, वाह! अब लग रही हो मेरी अहिल्या की बेटी। धन्य-धन्य हो गए हम।

(अहिल्या प्रवेश करती हैं)

अहिल्या : क्या हो रहा है दोनों माँ-बेटी का? हमारे लिए कुछ सुखसंवाद बाकी है कि नहीं? या सब आनंद बुआ के साथ ही बाँटोगी?

उदाबाई : अरे वहिनी साहेब! ऐसे ही, यह मुक्ता सच में बड़ी हो गई है, क्या-क्या सोचती है···हाँ, लेकिन वहिनी साहेब! सुना है, आज आपसे मिलने आनंदीबाई पेशवा आ रही हैं।

मुक्ता : मातोश्री, क्या आंनदी बाई साहेब वास्तव में बहुत रूपवती हैं?

अहिल्या : मुक्ता! स्त्री का गुणवती होना जरूरी है।

उदाबाई : भाभीजी, आनंदीबाई अपने रूप का, वैभव का प्रदर्शन करने आ रही हैं, ऐसी खबर है। ऐसे में हमें भी दरबार में साज-सज्जा खास तौर पर करना चाहिए।

अहिल्या : उदाबाई, वैभव ईश्वरीय दर्शन में होता है। उसका प्रदर्शन हम सामान्य जीव क्या कर सकते हैं और याद रखें कि दरबार की साज-सज्जा सामान्य से सामान्य

व्यक्ति को मिले कल्याणकारी न्याय से होती है।

मुक्ता : मातोश्री, हमें भी आनंदीबाई साहेब को देखना है। हम भी आपके साथ उनका स्वागत करेंगे।

अहिल्या : अवश्य। *(मंजुला का प्रवेश)*

मंजुला : आईसाहेब, सकल चुड़ेमंडित सौभाग्यवती आनंदीबाई पेशवा पधार रही हैं।

अहिल्या : हाँ-हाँ, पेशवा बाईसाहब की भेंट पहिले *(चलो हम आ रहे हैं)*

मंजुला : जी, जो आज्ञा!

अहिल्या : चलो मुक्ता, द्वार पर पेशवा बाईसाहब का स्वागत करेंगे। *(सामने से आनंदीबाई का प्रवेश आते ही गर्व से नथनी, शेला, गले का हार ठीक-ठाक करती हैं, फिर अहिल्या की तरफ देखती हैं। आनंदी की पूरी क्रिया मुक्ता उदाबाई निहारती हैं। मुक्ता उदाबाई से कुछ कहना चाहती हैं, उदाबाई उसे इशारे से चुप कराती हैं, अहिल्याबाई प्रणाम करती हुई मंद-मंद मुसकरा रही हैं।)*

आनंदी : *(अहिल्याबाई को देखकर धीरे-धीरे चेहरे के भाव बदलने लगते हैं। अहिल्या से नजरे चुराकर सामने देखने लगती हैं। अहिल्या मंद-मंद मुसकराते देख रही हैं) (स्वगत)* यह-यह सुभेदार की बहू? यह तो तेजस्वी, तपस्विनी लग रही है। हास्य कितना निर्मल, गले में केवल रुद्राक्षमाला, शुभ्र वस्त्रांकिता। यह तो हिमगिरी से निकली पवित्र गंगा है। साँवले मुख पर दैवी तेज, काले सौम्य नेत्र में अपार स्नेह। यह व्यक्तित्व तो रूप, संपत्ति, सत्ता, सभी मोह को

लाँघकर स्वर्गीय ऊँचाई पर आसीन है। असामान्य, अलौकिक, आनंदी देख क्या रही हो? अभी भी तुच्छ संपत्ति के नष्ट होनेवाले सौंदर्य के अभिमान में डूबी हो? आनंदी, चरणामृत ले उस देवी के। *(आनंदी आगे आकर झुकती ही है कि अहिल्या उसे गले लगाती हैं।)*

अहिल्या : न-न! हम सेवक सुभेदार, आप पेशवा। आपको हमारे राज्य में कोई असुविधा तो नहीं हुई?

आनंदी : आप जैसी कर्तव्यशाली सम्राज्ञी के होते राज्य में कहीं कोई अव्यवस्था हो सकती है भला?

अहिल्या : सम्राज्ञी तो माँ जगदंबा हैं। पूरे विश्व की सम्राज्ञी। हम तो उस माँ जगदंबा और सांब सदाशिव के सेवक हैं। आप कुशल मंगल तो हैं न?

आनंदी : जी। हम तो आपके दुःख में शामिल होने आए थे। सूबेदार मालेराव की मृत्यु की वार्त्ता मालूम हुई। बड़ा दुःख हुआ। एक के बाद एक दुःख के प्रहार आप झेल रही हो। पति, सास, ससुर अब पुत्र, सचमुच कैसे सहन करते हो आप इन दुःखों को? कहाँ से शक्ति मिलती है आपको?

अहिल्या : जीवन में सब सुख-दुःख उसी का दिया है। कर्ता-करवाता तो वो है, हम तो नश्वर जीव, जो कर्तव्य उसने निर्धारित किया है, उसे करते रहना है। बाकी सब उसकी इच्छा। यह जीवन शिवार्पण, शिवनिर्माल्य *(धीरे से आँख पोंछती हैं)* अरे! यह क्या, मैं आप से खड़े-खड़े बात कर रही हूँ, आज आप आई हैं, हमारे साथ ही भोजन स्वीकार करें। मंजुला पेशवा

बाईसाहेब को अंतर्गृह में ले जाना, उदाबाई आप भी बाई साहेब के साथ रहना, हम अभी आते हैं।

उदाबाई : जी! आप निरांती से आना, बिल्कुल चिंता न करें। मैं आनंदीबाई साहेब की उत्तम व्यवस्था रखूँगी। पेशवा जितना वैभव तो नहीं अपना, लेकिन फिर भी कोशिश करूँगी। चलो बाईसाहेब। *(उदाबाई, आनंदी, मंजुला का प्रस्थान)*

मुक्ता : मातोश्री, सचमुच आनंदीबाई हैं बहुत सुंदर और अलंकार भी कितने कीमती थे उनके। वस्त्र भी भारी पहने हुए थीं, फिर भी आपके सामने नजर झुक गई उनकी।

अहिल्या : मुक्ता बेटी, उपभोग की तुच्छ वस्तुओं का इतना निरीक्षण अच्छा नहीं। आपके गर्भ में भावी सुभेदार हैं। मैं अपने पुत्र पर अच्छे संस्कार नहीं कर पाई, लेकिन तुम्हारी संतान के लिए अभी से सोचना है। गर्भ से ही अच्छे संस्कार होना जरूरी है। हम शीघ्र ही तीर्थयात्रा के लिए रवाना हो जाएँगे, ताकि आपका मन उस ईश्वर-वैभव में लगा रहे, इस नश्वर वैभव में नहीं। चलो, तुकोजी को संदेश भेजेंगे कि बाकी का काम दोपहर के बाद देखेंगे। चल मुक्ता। *(जाते हैं)*

□

प्रवेश-11

[अहिल्या बाई का दरबार, तुकोजी बैठे है, मंजुला खड़ी है, हरबा कोने में खड़ा है।]

तुकोजी : आईसाहेब, आपकी आज्ञानुसार चंद्रावतों का बंदोबस्त कर दिया है। यहाँ भी राघोबा दादा का संकट टल गया है। अब आगे आज्ञा दीजिए।

अहिल्या : तुकोजीराव, सुना है चाँदवड़ के मामलतदार प्रजा को सताते हैं। अभी-अभी वहाँ से खबर आई है कि मामलतदार ने एक व्यक्ति को नाहक सताया है। उसी प्रकार तुलाराव होलकर ने गोगाँव परगने में प्रजा पर जुल्म करके मनमाना कर वसूल किया है। दोनों को सख्त ताकीद दें कि भविष्य में ऐसा जुल्म सहा नहीं जाएगा। तुलाराव से कहो कि वसूली का पूरा हिसाब दें और आजतक अन्याय से जो रुपया वसूला है, उसका भी पूरा हिसाब दें। हमने पत्र तो भेजे हैं, मगर आप स्वयं जाकर पूरा बंदोबस्त करें, ताकि आसपास के परगने पर जरब बैठेगी।

सेवक : बाई साहेब, बाहर दो स्त्रियाँ आप से मिलने आई हैं।

अहिल्या : उन्हें अंदर भेज दो··· *(दो महिलाएँ प्रवेश करती हैं)*

स्त्री : मातोश्री, मातोश्री प्रणाम!

अहिल्या : क्या बात है? कौन हैं आप?

स्त्री : मातोश्री, मैं सिरोंज के खेमराज साहूकार की विधवा हूँ, न्याय माँगने आपके द्वार पर आई हूँ। हमें न्याय मिले सरकार।

अहिल्या : निर्भय होकर बताओ। अहिल्या के दरबार में सामान्य से सामान्य प्रजा को भी अभय है।

स्त्री : सरकार! मेरे पति की मृत्यु हो गई। हमारी कोई संतान नहीं है, सिरोंज के अधिकारी ने हमें धमकी दी कि तुम्हारी सारी संपत्ति जब्त कर ली जाएगी। सरकार, हमने दत्तक पुत्र लेने की अनुज्ञा माँगी तो सरकारऽऽऽ

अहिल्या : तो क्या हुआ? दत्तक ले लिया?

स्त्री : यही तो कहने आई हूँ सरकार। अधिकारी ने हम से तीन लाख की रिश्वत माँगी। मुझ जैसी निस्सहाय, विधवा क्या करे? रिश्वत देना उचित है कि नहीं, कुछ नहीं सूझता, लेकिन सरकार, किसी ने कहा, आपकी शरण में जाने से न्याय मिलेगा, इसीलिए आई हूँ।

अहिल्या : क्या कहा? तुम्हारी संपत्ति···। तुम दत्तक लेना चाहती हो और अधिकारी ने तीन लाख माँगे। देखा तुकोजीराव, यह अन्याय। शीघ्र एक अधिकारी से जाँच करवाओ और उसे नौकरी से निकालकर बाहर करो। बाई, हम आपका सारा धन लौटाएँगे। आप कोई संतान दत्तक ले सकती हो।

स्त्री : धन्य-धन्य हो लोकमाता! *(चरण स्पर्श करके कोने में खड़ी हो जाती है)*

अहिल्या : *(दूसरी स्त्री से)* बाई, आपका क्या काम है?

दूसरी स्त्री : जी बाई साहेब, मैं खरगोन से आई हूँ। मेरे पति तापीदास खरगोन में बड़े साहूकार थे। कुछ माह पूर्व मेरे पति की मृत्यु हो गई। हमारी कोई संतान नहीं है। मेरे पति की लाखों की संपत्ति है। आप जनकल्याण का कार्य करती हो, इसलिए मातोश्री, मैं सारी संपत्ति आपके चरणों में समर्पित करना चाहूँगी।

अहिल्या : देखो, यह संपत्ति लेकर हम क्या करेंगे? अगर तुम यह संपत्ति अपने पास नहीं रखना चाहती तो उसे दान-धर्म में, लोकोपयोगी कार्यों में लगा दो। धन का सदुपयोग होगा और तुम्हारे पति का नाम भी होगा।

स्त्री : मातोश्री, आप गंगाजल समान पवित्र हो। आपकी आज्ञानुसार खरगोन में कुंदा नदी पर घाट का एवं गणेश मंदिर का निर्माण करूँगी। प्रणाम मातोश्री! *(स्त्रियाँ कोने में खड़ी हो जाती हैं)*

तुकोजी : मातोश्री, आप असामान्य हैं। शस्त्र बल से दुनिया को जीतने के प्रयास कइयों ने किए हैं, लेकिन प्रेम से, धर्म-शक्ति से दुनिया को जीतने वाली इतिहास में आप अकेली ही हैं।

सेवक : *(मुजरा करते हुए)* मातोश्री, बाहर एक ब्राह्मण आपसे मिलने आए हैं।

अहिल्या : बुला लेना, ब्राह्मण देवता को विलंब तक खड़े नहीं रखें। *(सेवक जाता है और ब्राह्मण को लेकर आता है)*

ब्राह्मण : प्रणाम मातोश्री! मैं एक गरीब ब्राह्मण हूँ, आपकी कीर्ति चारों दिशाओं में है। मातोश्री, बहुत सुना है आपके बारे में। मातोश्री, मैं थोड़ा-थोड़ा काव्य शास्त्र लेखन

करता हूँ। वैसे धर्मग्रंथ भी पढ़े हैं।

अहिल्या : जी, आप तो ब्राह्मण देवता हो, ग्रंथों का अभ्यास तो होगा ही। हम आपकी क्या सेवा कर सकते हैं?

ब्राह्मण : मातोश्री, हमने ग्रंथ लिखा है, आपके चरणों में भेंट करना चाहते हैं। *(ग्रंथ सामने रखता है)*

अहिल्या : किस विषय पर है आचार्य! व्याकरण, वेद या शिवस्तुति?

ब्राह्मण : नहीं–नहीं, मातोश्री, इस ग्रंथ की नायिका आप ही हो। आपके स्तुति पर आपके उज्ज्वल चरित्र का ग्रंथ है। यह मैंने बड़ी श्रद्धा से लिखा हैं, मातोश्री।

अहिल्या : यह क्या कर रहे हो ब्राह्मण देवता? हमें पाप का भागी मत बनाओ। मुझे मालूम है, सत्ता के बल पर मैं जो कुछ करूँगी, उसका जबाव मुझे ईश्वर के समक्ष देना है। मैं जो कर रही हूँ, अपना कर्तव्य कर रही हूँ, आपके स्तुति ग्रंथ से प्रजा को क्या लाभ? राजा प्रजाहित करे यह तो उसका कर्तव्य ही है, उसमें भला बड़प्पन कैसा? इसमें क्या स्तुति पात्रता! जाइए, पहले तुरंत यह ग्रंथ नर्मदा मैया को समर्पित करें। उस ईश्वर के श्रेष्ठत्व पर ग्रंथ लिखें, हम जरूर आपका सम्मान करेंगे। उठाओं ग्रंथ, ब्राह्मण जाओ, करो नर्मदार्पण।

(ब्राह्मण ग्रंथ उठाकर जाता है)

(अहिल्या का स्वर ऊँचा होता हुआ देख तुकोजी धीरे से खड़ा होता है)

तुकोजी : मातोश्री–मातोश्री! *(अहिल्या खुद को संयमित करती हैं, फिर मृदु हँसते हुए, हाथ के इशारे से तुकोजी को समझाती हैं)*

(सेवक का प्रवेश)

सेवक : सरकार! बाहर अनंत फंदी नाम का एक गायक कवि आप के दर्शन के लिए आया है।

तुकोजी : अनंत फंदी, यह नाम पूना में बहुत सुना था, बाई साहेब। बड़ा ही उम्दा कवि है, गाता भी अच्छा है। अगर गाने खड़ा हो जाए तो हजारों लोगों को घंटों तक मंत्रमुग्ध करके रखता है। बहुत चाहते हैं लोग उसे।

अहिल्या : अच्छा! उन्हें अंदर भेज दिया जाए।

अंनत फंदी : प्रणाम मातोश्री! मैं अंनत फंदी, आपकी कीर्ति सुनकर अपने गाँव संगमनेर से आपके दर्शन के लिए चल पड़ा।

अहिल्या : हमने भी आपकी कीर्ति सुनी कि आप अच्छे कवि एवं गायक हो।

अनंत फंदी : आईसाहेब, मैं तो एक मामूली कवि हूँ। जाति से ब्राह्मण हूँ, लेकिन बचपन से कविता करने का, गाने का, अभिनय का शौक है; लेकिन आप सचमुच महान् हैं। मैं आपके दर्शन करने के लिए आ ही रहा था कि रास्ते में पहाड़ में भीलों ने मुझे पकड़ लिया। मेरा सारा सामान लूट लिया और बंदी बनाकर अपने नायक के पास ले गए।

अहिल्या : क्या? भीलों ने आपको लूट लिया? तुकोजी, इन भीलों के अत्याचार की पूरी तफ्तीश करो, हमारे राज्य में ऐसी हरकत फिर से।

अनंत फंदी : नहीं–नहीं, बाई साहेब, जब भीलों के नायक ने मुझसे पूछा, तब मैंने अपनी पहचान बताई, गाना गाकर

सुनाया और कहा कि मैं देवी अहिल्याबाई से मिलने, दर्शन करने जा रहा हूँ। और क्या कहूँ बाई साहेब, चमत्कार हो गया। आपका नाम सुनते ही नायक ने वहीं दंडवत् किया, क्षमा माँगी, और तो और लज्जित होकर मेरा सारा सामान लौटा दिया और अपने चार-पाँच आदमी साथ देकर आदरपूर्वक मुझे महेश्वर पहुँचाया। मातोश्री आप धन्य हो!

अहिल्या : यह सब प्रभु की कृपा है। इसी कारण से फंदीजी भीलों के मन में हमारे लिये आदर है। माँ जगदंबा की कृपा। अच्छा तो आप कवि हैं। कविता गाकर सुनाते हैं।

फंदी : हाँ देवी, आपकी आज्ञा हो तो आपके चरणों में एक गीत पेश करना चाहूँगा।

अहिल्या : जी, जरूर।

फंदी : लावणी *(श्रृंगार गीत)* पेश करता है।

भिर-भिर नयन झुकावत चाल चलत गोरी गज भार।
गले मोतन के हार छिमाछिम बिछवन के झंकार।
रुमझुम पाऊल बजावत नयनों की लग रही मार।
करणफूल कानों में चमकत माथा ऊपर शाल जरी।

बारा बरस का पठा देखो अंगो नयन पर झुरमुर डारी।
नयनों में कजरा डार दिया पनघट पर था शिरपर घगरी।

काले भवर तेरे बाल नरम दो गाल हरदल मुखड़ा।
छान छबिली अजब रंगीली मुख में चाबे पान बिड़ा।
फंदी मलिका को ग्राम पोखरी सुनो यार हरदम रगड़ा।

आनंदराव ब्राह्मण ठिकाना संगमनेर वाको लहेरी।
साकड मुसक्या शत्रु क्या नागोपंत पर हुई स्वारी।
बारा बरस का पठा देखो···।

(अहिल्या बीच में ही हाथ उठाकर रोकती हैं)

अहिल्या : सुंदर, अति सुंदर सगुणा··· *(पुरस्कार देती हैं)* फंदीजी, एक बात कहना चाहूँगी।

फंदी : जी मातोश्री, हम आपके वचन सुनने के लिए उत्सुक हैं।

अहिल्या : फंदीजी, आप ब्राह्मण हो, बुद्धिमान हो, आपके पास कवित्व शक्ति है, गायन कला है, लेकिन आपके सब अच्छे गुणों का तो दुरुपयोग हो रहा है। देखो! कामोत्तेजनक, शृंगारिक गीत गाने से परलोक तो दूर आपका यह लोक भी नहीं सुधरेगा। इससे अच्छा तो जो जगत् का निर्माता है, जगत् का आधार है, जिसने आपको गुणसंपन्न बनाया है, उस परब्रह्म के गीत लिखो और गाओ। ईश्वरीय आनंद से साक्षात्कार करो और लोगों को कराओ। आपके अंदर प्रतिभा है उसका सही उपयोग करो। फंदीजी परमेश्वर का गुणगान करो।

फंदी : मातोश्री, आप सचमुच देवी माँ हैं। मैं अच्छे कुल में उत्पन्न होकर भी भटक गया था। लोग केवल मेरी भड़कती, फड़कती, रसभरी तान की प्रशंसा करते थे। लेकिन आपने मेरी अंतरात्मा को जगाया। माँ, आज से यह अनंत फंदी रसभरी, शृंगारिक लावणियाँ नहीं गाएगा। भक्ति रस का ही आस्वादन करेगा और लोगों को कराएगा। देवी आज से यह लावणी का डफ मैंने

त्याग दिया *(डफ फोड़ता है)*, अब फिर जब कभी आपके सामने आऊँगा तो भगवद् भक्ति के रंग में रँगकर ही आऊँगा। मातोश्री प्रणाम! *(जाता है)*

(दृश्य समाप्त)

□

प्रवेश-12

(सगुणा का प्रवेश हाथ में दवा की कटोरी)

सगुणा : मंजुले, ओ मंजुले! कहाँ हो? *(मंजुला आती है)*

सगुणा : अरे, वैद्यजी से दवा लाई हूँ।

मंजुला : *(मुँह पर उँगली रखते हुए)* धीरे-धीरे बोल, अभी-अभी माँ की थोड़ी आँख लगी है। जब से मुक्ता जीजी सती हो गई, माँ न अन्न ग्रहण कर रही हैं, न फल—सतत आँखों से अविरल बहते आँसू भगवान् का नाम बस। सामने से जाओ तो कामकाज के पत्र उसी उदासी में देखना—पूरे दिन में केवल एकाद गिलास दूध का, वह भी बड़ी मुश्किल से।

सगुणा : हाँ री, सही कह रही हो, इसलिए वैद्यजी से दवा बनवाकर लाई हूँ। उनकी हालत देखी नहीं जाती। इसी अवस्था में सुबह-सुबह नर्मदा स्नान के लिए जाते देखा।

मंजुला : क्या करूँ। मातोश्री मानती ही नहीं। बुखार में भी नर्मदा स्नान-पूजा के नियम का कठोरता से पालन करती हैं।

सगुणा : मंजुले, समझ में नहीं आता, भगवान् उन्हीं से इतना कठोर क्यों हो रहा है। सास, ससुर, पति, भाई, पुत्र, जवाई, लड़की, पुत्रवधू, पोता, नाती न जाने कितनी

मृत्यु देखनी पड़ीं। फिर भी प्रजाकाज में ढिलाई नहीं। कष्ट देती हैं तो स्वयं के शरीर को, मन को! सच वह मानवी नहीं, साक्षात् देवी हैं।

मंजुला : सही कह रही हो। लेकिन यह भी वह किसी के मुँह से सुनना पसंद नहीं करती। कुछ दिन पहले एक ब्राह्मण देवता आए थे। उन्होंने मातोश्री के स्तुति पर ग्रंथ लिखा था। माता को भेंट करने लाए थे। मातोश्री ने ग्रंथ को हाथ लगाते हुए कहा—*ब्राह्मणश्री, मुझे मालूम है, सत्ता के बल पर मैं जो कुछ करूँगी, उसका जवाब मुझे ईश्वर के समक्ष देना है। मैं जो कर रही हूँ, अपना कर्तव्य कर रही हूँ। आपके स्तुति ग्रंथ से प्रजा को क्या लाभ? राजा प्रजाहित करें, यह तो उसका कर्तव्य ही है। उसमें भला बड़प्पन कौन सा, इसमें क्या स्तुति-पात्रता। जाइए, पहले यह ग्रंथ तुरंत नर्मदा मैया को समर्पित करें। आप अपनी प्रतिभा का उपयोग ईश्वर की स्तुति करने में, प्रजा को ईश्वरीय दर्शन कराने में करें। उसके श्रेष्ठत्व पर ग्रंथ लिखें, हम जरूर आपका सम्मान करेंगे।*

सगुणा : यानी क्या किया?

मंजुला : क्या करना। लौटा दिया ब्राह्मण देवता को स्तुति ग्रंथ नर्मदा में प्रवाहित करने बस। इस अवस्था में भी प्रजा पर सुसंस्कार का ध्यान...चल, तुमसे बात करने में समय जाया करूँ, तो माताश्री को ओषधि देने में विलंब होगा...वैसे भी ओषधि लेने के लिए वे तैयार होंगी, तब...मनाने में भी समय लगेगा। चल देना ओषधि... *(निकल जाते हैं)*

□

प्रवेश-13

[पलंग पर अहिल्याबाई लोड-तकिए के सहारे, अर्द्ध लेटी सी, हाथ में माला, नजर शून्य में।]

अहिल्या : मुक्ते, मुक्ता बेटी! मान जा। हमें छोड़कर मत जाना, सती नहीं होना। सब छोड़ गए इस अभागन को···। हम भी सती होने जा रहे थे, हमें भी स्वर्ग जाना था इनके साथ। हम···हम रुक गए, किसके लिए? ससुरजी के लिए, प्रजा के लिए। बेटी तुम्हारे लिए, मालेराव के लिए—या *(हताशा से)* दुर्दैव के प्रहार झेलने के लिए! सभी एक-एक करके इस बूढ़ी को छोड़कर गए, अकेला···अकेला छोड़ गए। क्या इस अहिल्या को श्राप है कि जिनको मैं प्रेम करूँ, अपना समझूँ, वह मुझे तड़पता छोड़ जाए? कैसे बताऊँ सबको? अकेले में इन आँखों से गिरते आँसू अंगारों के समान इस शरीर और मन को जलाते रहे हैं। *(थोड़ा रुककर, आह भरते हुए)* मुक्ता-मुक्ता! कोई तो रुको!

(उदाबाई दौड़ते हुए अंदर से आती है, अहिल्या को सँभालती है। पीछे-पीछे मंजुला जल्दी-जल्दी में

आती है, हाथ में दवा की कटोरी है।)

उदाबाई : सँभालो भाभी, अपने आपको सँभालो!

अहिल्या : *(हताशा से)* कैसे सँभालूँ? क्या सँभालूँ? कुछ नहीं सँभाल पाई···एक-एक करके सब छोड़ गए *(फिर ग्लानि में बड़बड़ाती है)*, मुक्ता, दया कर मुझ पर, सती मत होना, दया कर··· । मुक्ता, तुम ही मेरा एकमात्र सहारा हो, मुझे अकेले छोड़कर मत जा, मैं पूर्ण रूप से भिखारी हो गई हूँ। इस भिखारिन की सुनो···मुक्ता, तेरे हाथ जोड़ती हूँ, मत जाना-मत जाना!

उदाबाई : भाभी, ऐसा मत कहो, आप अकेले नहीं हो, हम-पूरी प्रजा आपके साथ है···भाभी सँभालो, आप भिखारिन नहीं हो सकती। याद है, मुक्ता बेटी ने सती जाने से पहले आपको कहा था···

(दोनों जैसे याद में डूब जाती हैं, मुक्ता की आवाज सुनने की कोशिश कर रही है)

(मुक्ता की आवाज)

माँ, आपने ही मुझे स्त्री धर्म सिखाया, आप स्वयं ज्ञानी हो माँ। आप कभी अकेली नहीं हो सकतीं। आप तो पूर्ण प्रजा की माँ हो। आप भिखारिन नहीं। प्रजा का प्यार झोली भर-भरकर के मिला है आपको और अखंड मिलता रहेगा। आप सामान्य स्त्री नहीं हो, मातोश्री। समष्टि के कल्याण के लिए आप जैसी देवियाँ कभी-कभी ही जन्म लेती हैं। अहिल्या तो लाखों में एक होती है, हम तो एक सामान्य स्त्री माँ-पति-पुत्र अपनी गृहस्थी, यही हमारी छोटी सी दुनिया···वही उजड़ गई। हममें वह सामर्थ्य नहीं माँ कि सबका सामना करें।

मातोश्री हमें आशीर्वाद दो, कर्तव्यपालन करती बेटी को प्रसन्नता से विदा करो माँ!

(अहिल्या को सहलाती हुई)

उदाबाई : भाभी, सँभालो। हमारी मुक्ता गुणवान थी, आपके जमाई यशवंतराव तो शूरवीर सेनानी थे। तुम, तुम तो पूरी प्रजा की माँ हो। कहा था न, हमारी मुक्ता ने, मातोश्री हो सबकी, लो थोड़ा दूध लो, अच्छा लगेगा, नहीं तो थोड़ी दवा ले लो, मंजुला लाई है।

मंजुला : हाँ-हाँ मातोश्री, आपके कारण तो हम सब हैं। सबका ध्यान रखते-रखते थक गई हो। आप थोड़ी यह दवा लेना, वैद्यजी ने विशेष बनवा के दी है, थोड़ा आराम मिलेगा।

अहिल्या : *(थोड़ा खुद को सँभालते हुए)*, हाँ, आराम तो अब उन शिव चरणों में ही मिलेगा, मगर मुझ अभागन को वह बुलाता भी नहीं। हे प्रजा पालक! प्रजा की माँ अहिल्या अपने बेटे का ही पालन नहीं कर सकी। उसको ही संस्कार नहीं दे सकी, कैसा यह जीवन! सगुणा *(प्रवेश)* मातोश्री की जय हो! कवि अनंत फंदी मिलने आए हैं।

(अनंत फंदी का प्रवेश)

फंदी : *(मुजरा)* मिला, संसार का पूरा सार आपसे मिला मातोश्री। आपने दिशा दी इस फंदी की प्रतिभा को; आपने प्रभु चरण दिखाए मेरी प्रतिभा को, मुझको बस कुछ नहीं चाहिए; बस एक बार आपके बेटे के मुँह से ईश्वरीय गुणगान सुनो माते, एक बार।

अहिल्या : फंदीजी अपना दुःख, अपने ही रोने की आवाज अब

सुनाई नहीं देती, सतत रोते रहने से अब कानों ने सुनना ही बंद कर दिया है। अब कुछ सुनने की ताकत ही नहीं बची, बस उसके बुलावे की आहट सुनना है।

फंदी : माते! बस एक बार सुनो, आपके कहने से मैंने डफ तोड़ दिया। श्रृंगारित लावणी लिखना ही बंद कर दिया। अब केवल ईश्वर का भजन ही लिखता हूँ और लोगों को सुनाता हूँ। भगवद् भक्ति के रसपान में मगन रहने का प्रयास करता हूँ। आपके वचनों का पालन आपके उपदेशानुसार कर रहा हूँ, माते। आनंद आ रहा है। ईश्वरीय आनंद मिल रहा है। बस एक बार आपका आशीर्वाद···

उदाबाई : गाओ फंदीजी, सुनाओ भजन, मैं कहती हूँ, सुनेगी भाभी, समझेगी वह, कहो—सुनाओ फंदीजी!

फंदी : नरदेहा मधे येऊ न नर हो, साधन ऐसे करा।
जेणे भवसागर तरुनी, सुखे व्हावे पैल तीरा॥
संतारार्णवी भिजा गड्यांनो, संतारार्णवी भिजा।
परंतु परमार्थ साधनाते, साधा यांतच मजा॥
सत्यवचन राखण्यास न ढळा, कथितो ह्वा हितगुजा
ह्वा सावध नची निजा गड्यांनो, ह्वा सावध नची निजा
पळ घटका प्रहर दिवस या ही, होते आयुष्य वजा
जगदीशाला भजा गड्यांनो, जगदीशाला भजा।
आनंत फंदी म्हणे तोचि मग, तारील देऊ नी करा।
नर देहा मध्ये येऊ न नर हो, साधन ऐसे करा।
जेणे भवसागर तरूनी सुखे ह्वावे पैल तीरा॥
(फंदी भजन सुनाता है। सुनते-सुनते अहिल्या भाव विभोर हो जाती हैं)

अहिल्या : सुना उदाबाई, सुना, मैंने किसी को तो संस्कार दिए।

हाँ, अहिल्या जीवन में किसी को तो अच्छा बना पाई। हाँ, कुछ तो किया, दिशा दी। फंदीजी जैसे एक पुत्र को तो बनाया। हाँ, जय शिवशंकर, भोलेनाथ! आज कह सकती हूँ कि यह अहिल्या इतनी भी अभागी नहीं, कुछ तो अच्छा किया मैंने। ईश्वर अब तो बुला ले, मिल गया जीवन का सार। प्रजा का प्यार, पुत्र का सहारा, अहिल्या ने कुछ तो किया! समाधान! फंदी जी···
आपने दिया समाधान, भगवन् अब शांति···शांति हो गई। भोलेनाथ तेरा ही सहारा, जय शिव, मैय्या नर्मदा आ रही हूँ··· *(प्राण त्यागती हैं)*
(धीरे-धीरे परदा गिरने लगता है)

(गाय के रँभाने की आवाज)

सगुणा : *(दौड़ते-हाँफते प्रवेश करती है)*
मंजुले माजी! मंजुले, अपनी कपिला गाय ने रँभाते हुए प्राण त्याग दिए।

मंजुला : क्या··· सच? मातोश्री, मातोश्री! सुना आपने, माँ, माँ नहीं ऐसा नहीं हो सकता रुको माँ, हमें छोड़ के मत जाना माँ!

(नेपथ्य से आवाज)

शिव से लगन लगाने वाली
धर्मध्वजा फहराने वाली
देवी तू पुण्य सलिला माता
गाएगा जगत् नित्य तुम्हारी गाथा
माता अहिल्या, माता तेरी जय हो,
तेरी जय हो···
तुम सी धर्म धारिणी, धरती पर न अन्य है,
धरा धन्य है, धर्म धन्य है, माँ तू अनन्य है।

□□□